U0858340

数字游民时代

零工经济下"斜杠青年"零成本创业的新常态

李明桦　檀林 / 著

An Introduction to the
Vibrant Digital Nomad Community Under
the Gig Economy of China

中国经济出版社
CHINA ECONOMIC PUBLISHING HOUSE
·北京·

图书在版编目（CIP）数据

数字游民时代：零工经济下“斜杠青年”零成本创业的新常态 / 李明桦，（加）檀林著 .—北京：中国经济出版社，2022.1

ISBN 978-7-5136-6774-6

Ⅰ. ①数… Ⅱ. ①李… ②檀… Ⅲ. ①自由职业者 - 创业 - 研究 - 中国 Ⅳ. ① F249.214

中国版本图书馆 CIP 数据核字（2021）第 264693 号

责任编辑　王西琨
责任印制　马小宾
封面设计　任燕飞装帧设计工作室

出版发行　中国经济出版社
印 刷 者　北京力信诚印刷有限公司
经 销 者　各地新华书店
开　　本　710mm × 1000mm　1/16
印　　张　14.75
字　　数　212 千字
版　　次　2022 年 1 月第 1 版
印　　次　2022 年 1 月第 1 次
定　　价　68.00 元
广告经营许可证　京西工商广字第 8179 号

中国经济出版社　**网址** www. economyph. com　**社址** 北京市东城区安定门外大街 58 号　**邮编** 100011
本版图书如存在印装质量问题，请与本社销售中心联系调换（联系电话：010-57512564）

版权所有　盗版必究（举报电话：010-57512600）
国家版权局反盗版举报中心（举报电话：12390）　服务热线：010-57512564

推荐序

RECOMMENDATION PREFACE

时代在发展。被称为“共享经济元年”的2015年，各类物品以共享使用权的方式，一夜之间充斥了人们的视野。如同发现新大陆一样，从Wi-Fi、充电宝、雨伞、篮球等小件用品，到汽车、房子等高价值商品，它们共同掀起了使用权和所有权分离的时尚浪潮。2016年，凯文·凯利在他的著作《必然》中指出：“对事物的占有不再像曾经那样重要，而对事物的使用则比以往更加重要。”数字技术的发展，给共享和物品置换提供了更加便捷的方式和平台，在共享和置换给人们留下财富神话和满地鸡毛的同时，也让人们开始思考：人们快乐和幸福的本质，究竟是占有物品本身还是对物品的使用？有人不再考虑买车，因为购置车辆、停放车辆、维护车辆等费用合计并不一定比打车便宜，而出行的本质是安全、便捷、舒适地从A地到B地，跟自己是否拥有车辆没有必然关系。放下包袱，越来越多的人开始注重生活的本质，追求更轻松、更便捷的生活方式。物质资源的富足、认知意识的升级，也催生出新的经济模式和人们耳熟能详的超级“怪”公司：最大的打车公司Uber没有车，最大的租房公司Airbnb没有房，最大的零售公司阿里巴巴没有存货。我们甚至可以畅想，未来，伟大的人力资源服务公司是否一定要有猎头顾问？

不只是个人，企业作为经济的参与主体也在追求轻装上阵。过去，一家公司的经营者需要顾及公司运营的资金、生产、销售、服务、管理等环节，以及各环节中相关的人员、机器、原料、方法、环境等要素。公司虽然有产品的核心竞争力，但可能因为某个环节存在短板而没有得到很好的发展，高昂的研发投入、人力成本也降低了企业抵御短期市场波动的能力。所以，越来越多的企业开始以灵活用工的方式，弹性地组织生产，甚至把采购、人力、市场、结算等越来越多的环节交给专业的服务公司，按需付费。企业不再追求面面俱到，只把精力放在自己擅长的核心环节上。像罗科仕这样的专业服务公司还得到了多轮融资，实现了快速发展。

个人或企业可以放下对所有权的追求，不只是因为物质的富足和认知的升级，更得益于我们进入了数字时代。数字时代，整个社会的协作方式正在被重塑。首先，互联网打破了工作的物理限制，人们不再受固定时间和空间的约束，转而通过互联网进行工作、协同、交易。尤其是新冠肺炎疫情暴发以来，移动办公、线上会议已经成了很多企业和个人的首选。其次，随着科学技术的进步，虚拟世界正在重塑现实世界，其具备很多现实世界的价值，能够满足人们工作、学习、娱乐的需要。过去修路造桥等构建现实世界的工作岗位，正在向虚拟世界迁移，未来会有越来越多的代码工程师、内容设计师、算法架构师。最后，数据驱动的数字世界将更精准高效地匹配需求和供给、匹配协作分工。Uber、Airbnb 和阿里巴巴的成功也不是单纯地靠互联网租车、租房和卖货，其本质还是人工智能、云计算、大数据、物联网等技术的成功应用。在未来的数字世界中，我们或许很难清晰地界定自己真正拥有什么，因为一切都成了数据，不可避免地，我们终将成为数字时代的游民。

那么，在数字时代，我们将何去何从？能否从朝九晚五的城市水泥森林中解放，享受技术的便利，在陪伴家人、回归自然的同时，与职场紧密相连？能否发挥各自所长，在“人人服务人人”的数字世界中找到自己的位置？能否拥抱互联网的红利，理解未来个人、公司、社会的连接方式？希望读者能从本书中找到答案。

王国成

金沙江联合资本管理合伙人

2021 年 11 月

前 言

PREFACE

数字游民运动

本书的内容主要是对罗科仕数字游民用工平台实践、发展过程的总结，以及对国内多个行业的数字游民的访谈，充分描述在世界数字游民浪潮下中国的数字游民生态，并试图评估其对中国社会产生的影响，进而尝试展望中国数字游民生态的未来。

作为数字游民新生态的先行探索者，罗科仕自觉有责任将所知、所见整理归纳，与同行乃至各方有志者共享。作者智识短浅、水平有限，总结归纳难免有疏漏，观点陈述不免偏颇，但仍真诚地成书奉上，以期斧正。

2020 年，一场突如其来的新冠肺炎疫情席卷全球，航路中断，企业停工，人员隔离，社会停摆。作为外贸进出口大国的中国经受了严峻的考验，失业人口数量攀升，在十三届全国人大三次会议上，稳定就业、创造更多就业岗位成为热点和重点话题。

世界陷入了危机。

这时，一个一直以来隐于互联网背后的族群被推到前面——数字游民。

作为数字游民生活方式的推广者，我们一直致力于激发数字时代数字游民的潜力，建立一个健康、有序的数字游民发展平台。在这个过程中，如何真正系统地认识数字游民的内涵和意义，如何成为一个成熟、有社会责任感的人，如何在工作中获得价值感和满足感，是我们在数字游民服务平台建设实践中一直关注和全力解决的问题。

如果新冠肺炎疫情是巨浪，那么当它退去后，浮出水面的数字游民被越来越多的人知道的时候，很少有人真正懂得怎样才能成为数字游民、成为优秀的数字游民，让自己的工作和生活变得和谐、有趣，让事业和家庭成为彼此相互支持的动力。这本书与我们做的平台及政府和高校建设的研究中心一样，试图填补数字游民缺少系统体系支持的空白。

区别于网络通信初始阶段的“自由职业”的概念，移动数字技术的基础建设已经普及，上至八九十岁的老人，下至三五岁的幼童，都已经是数字移动科技的用户。今天，工作种类的选择范围之广、普及人群之多，成为数字游民队伍必然发展和壮大的现实因素。

数字游民对我们的职业选择和生活方式的影响才刚刚开始。虽然大部分人依然希望拥有稳定的工作和收入，利用工龄的增长来实现收入的增加及退休后拿到国家和企业的福利待遇，但是随着共享经济时代的到来，在互联网联通世界的时代，稳定晋升和靠年资获得丰厚福利的稳定公司和稳定工作机会将越来越少。

如何在国家老龄化背景下获得更多工作机会？如何获得安全感和收入保障？大家都认同个人需要学习和提升，但怎么提升、从哪里学习？很多人不知道路径和方法，只能在时代的剧变中焦虑，滋生出“躺平”“伪佛系”“恐婚恐育”等思想。

人们希望从工作中获得丰厚的收入、拥有独立的工作思考及灵活的时间，人际关系和谐，与家人和周围的人欢快地相处。当远程工作模式在互联网时代实现，他们能够不用通勤或去异地就可以获得报酬及工作的体验感和价值感，这将会是未来工作的主流。那么什么样的人适合这样的工作？去哪里找到这样的工作机会？本书将给出答案。

传统的工作方式——等工资、等下班、等放假、等退休，虽然可以向往，但在极速发展的数字时代，已经没有一份绝对稳定的工作或一个能够完全不改变的企业去支撑这种“四等”想法实现了。随着数字游民队伍的发展壮大，我们可以预见，它不仅会改变我们的工作方式，而且会创造一种生活方式，使人们回归工作的本身，找回幸福生活的意义。

未来谁能够成为数字游民？

本书不仅系统阐述了什么是数字游民，而且将引导想要成为数字游民的人正确地认识自己，挖掘自己的核心价值，通过数字游民中的优秀者的分享，为期待数字游民生活的人提供一份指南。本书的每个章节既系统性地通过对国家宏观战略的了解认知个人数字游民生活的选择，也具有各模块自身的独立性。读者既可以从时代背景和国家政策中了解数字游民的未来，也可以通过集中阅读了解如何成为一个优秀的数字游民。

数字游民之所以能够在我国迅速发展，首先是国家数字经济的发展和移动数字技术基础建设的普及，加上新冠肺炎疫情催化，掀起了一场数字游民浪潮。其次是国家政策战略支持，国家出台了多项对数字经济和数字游民发展的利好政策。最后是数字游民平台助力，以罗科仕为代表的新兴企业创建了集合招聘、培训、职商、营销转化、直播、数据追踪、实现职业复利的数字游民社交用工平台。在新冠肺炎疫情环境下，为全民抗疫竭尽所能。

截至 2021 年第三季度，罗科仕数字游民平台已经为数百家企业匹配到高能效的人才，达成上万个数字游民和企业的合作方案。这不仅解决了企业招聘困难的问题，还为数十万人提供了远程工作的机会。

随着数字游民的出现及流行，很多人纷纷辞职（甚至裸辞）加入其中。自由的工作方式和说走就走的旅行对每个困于朝九晚五、通勤班车的灵魂都有极大的吸引力。而我们在选择时，必须对自己有非常清晰的认知，对自己的能力有全面的评估，问问自己是否真的做好了成为数字游民的准备。选择成为数字游民之前，可以借助罗科仕相关人才能力评估系统进行测试，判断自己成为数字游民的能力储备是否充足。对此，本书归结了六大要点：

第一，数字游民要拥有一项或多项专业技能。

第二，数字游民需要具备长远规划能力。

第三，数字游民需要做好时间管理，保持自律。

第四，数字游民需要有健康的身体和旺盛的好奇心。

第五，数字游民需要具有终身学习的能力。

第六，数字游民要有抗风险能力。

本书详细阐述了数字游民需要具备的基本素质及需要具备这些素质的原因，为如何更好地实践数字游民生活提供了解决方案。最后一章讲述了未来数字游民这种工作方式将如何推动幸福经济的发展，并推测它将在人们生活中呈现的样子及未来人对数字游民的理解。

中国数字游民的机遇

中国数字游民的增长是国家数字技术基础建设的普及和国家由制造阶段向创造阶段转变的历史节点共同作用的结果。对于中国数字游民而言，以下六条主要因素推动了数字游民在中国的迅猛发展：

第一，人才将成为最核心的生产要素。

第二，这是一个人人都是自媒体的时代。

第三，知识与技能成为直接消费品。

第四，共享经济流行，中国服务业占比早在 2015 年就超过了 50%。

第五，未来世界是“人人服务人人”的世界。

第六，中国数字游民的机遇已经伴随国家的发展到来。

本书将在第四章阐明中国数字游民的发展机遇、对于数字游民个人而言可能会出现的风险及如何在数字游民的实践中对抗这种风险，从而迎接美好的数字游民生活。

数字游民改变未来

对于国家而言，数字游民的发展将成为国家国内生产总值（Gross Domestic Product，GDP）增长中的重要组成部分。数字游民将拓展国家就业范围和渠道，为未来职业发展的多样性提供机会。数字游民群体在促进“稳就业”“保就业”落地发挥的优势体现在：

- 体现就业政策之一——灵活就业。
- 打破资源限制。
- 降低试错成本，提高“双创”热情，助力国家经济发展。
- 提升女性生育意愿，响应国家生育鼓励政策。
- 应对老龄化来临的困境，数字游民成就终身职业。
- 数字游民的发展可以支持社会全民节能环保计划的实施。

对于企业而言，数字游民的发展不仅提高了企业的人力资源使用效率，还极大地节约了企业可见的固定成本，为企业发展提供动力，使团队之间的配合更加高效和默契，解决企业在招聘中的困难及全职雇员带来的大量管理成本和风险问题。

- 提高人力资源使用效率。
- 降低企业固定成本。
- 满足企业业务波动需求。
- 改变传统的劳资关系，建立新型合作模式。
- 提高企业组织灵活性和高绩效性。
- 提高企业沟通效率。

对于个体而言，工作是为了创造更美好的生活。传统工业经济的工作管理模式使工作和生活出现只能选择其中一项的极端状态。越来越多的职场人出现亚健康和抑郁，复杂的人际关系令人身心疲惫。这不仅降低了工作效率，还造成了个人健康危机，使人失去生活乐趣。成为数字游民的个人将真正从工作中找回热情，体会到工作带来的幸福感和价值感。数字游民的九大特点在这场工作生活方式的变革中体现得淋漓尽致：

·生活在别处，有更多的时间去了解这个世界。

·花更少的时间工作，提升工作效率，省出时间做自己喜欢的事。

·不用面对复杂的办公环境。

·不用朝九晚五地打卡，挤地铁、坐公交车，忍受交通拥堵，为迟到找理由。

·不用纠结于情感内耗。

·不必有整齐划一的仪表和千篇一律的妆容。

·成为生活的强者。

·有更多的时间陪伴家人、照顾孩子。

·成就终身职业。

一枚硬币肯定会有正反两面，工作和职业也一样。成为数字游民是一件令人向往和期待的事，但也面临着不可避免的压力和风险。

有人说，数字游民有多成功就会有多失败。大约63%的受访者表示：“忙的时候忙死，闲的时候闲死。”这是目前数字游民生活的常态。工作环境的不确定导致数字游民的精神压力比一般从业者大。

数字游民能否在数字游民服务平台接到充足的业务，赚到足够满足生活支出的收入是数字游民选择平台的重要因素，也是能否坚持长期数字游民生活的重要指标。大量人力资源从业人员、培训师、理财规划师、家庭保险规划师、律师、自媒体等接受了罗科仕数字游民服务平台的访问，他们认为罗科仕数字游民服务平台的技术水平先进，在平台接单的效率高，客户的诚信度和费用结算有保障。例如，平台的招聘业务模块，通过自主研发的美国发明专利——Emotion Recognition in Speech Chatbot Job Interview System，专利号US 10,937,446；Adaptive Recruitment System Using Artificial Intelligence，专利号 US 10,990,928；Method And Apparatus For Artificial Intelligence（AI）–Based Computer–Aided Persuasion System（CAPS），专利号 US 11,049,510，将企业用户招聘成功率提高了两倍。这无论对于企业需求方还是数字游民服务提供者，都有极大的吸引力和成交动力。

保证供求双方的资质和能力水平真实、可靠是成功的数字游民平台重要的建设要素之一，为数字游民提供健康保险的筛选和服务，为数字游民需求方提供雇主责任险等商业保险的资源对接，是数字游民服务平台在打造数字游民供求双方双赢局面的要求之一。另外，平台能够为数字游民提供财务、法律和人力资源基础知识的学习资源，让数字游民在能够提升自己的同时，对于需求方的项目内容也具备一定的辨识力。否则，数字游民平台将充斥大量虚假项目信息和不能提供服务结果的伪数字游民，最终形成“劣币驱逐良币”的恶性循环。为此，罗科仕和吉林大学吉林市研究院共同建立数字游民、灵活用工的行业标准：注册职业资源规划师（Certified Career Resources Planner，CCRP）证书。图 0–1 为罗科仕与吉林大学吉林市研究院签署多层次人才及数字游民研究服务中心战略合作协议。为了保障平台服务的真实性和交付质量，数字游民需要在罗科仕平台上通过关于财务、法律和人力资源的基础知识考试，同时提供个人职业身份和个人信用信息，平台通过对服务提供者进行信息核实和调查（包括但不限于犯罪记录和职业失信记录）来保证提供服务的数字游民是安全、心态健康、能力可靠的人。

图 0-1　罗科仕与吉林大学吉林市研究院签署多层次人才及数字游民研究服务中心战略合作协议

罗科仕数字游民平台在国家数字产业化浪潮中，利用自身研发能力和技术优势，不仅为数字游民提供了更多工作机会以及学习和提升的资源，而且为企业发展输送了高能效人才资源，还为中国未来人力资源转型、实现共同富裕的战略实现注入了能量和活力。罗科仕数字游民平台未来会在国家政策指导下，全国化、全球化布局数字游民平台、数字产业结构，借助自己在人工智能、大数据、区块链等方面已有的技术力量，为国家经济发展和共同富裕的实现承担起企业的社会责任，达成助力国家发展、实现职业幸福的理想，为中国人力资源、保险、自媒体等多个行业的数字游民提供技术支持和服务，为打造幸福工作发力，坚守成人达己的初心。

在全员开展数字游民运动的机遇下，我们需要思索以下问题：

· 自己真的适合成为数字游民吗？

· 怎么才能清晰地评估自己的职业规划和自身能力？

· 要成为一个成功的数字游民需要什么——专业知识？自驱力？时间管理？终身学习能力？沟通能力？

· 数字游民的工作选择更加广泛还是变窄了？

· 数字游民如何保护自己的权益？

· 数字游民如何低成本获得能力提升及终身学习机会？

· 数字游民是否能为更多有经验、年龄大的人提供新的机会？

· 企业如何在最短的时间内筛选出适合自己的工作者？

· 失去劳动合同的约束和保护，企业和从业者之间的权益如何保障？

· 谁来考察和评估从业者的能力及企业的信誉？

· 需要政府提供什么资源、政策来支持数字游民发展？

数字游民作为时代产物，目前并没有成熟的机制和相关管理制度。尽管发达国家的数字游民队伍已经壮大，但是在数字游民相关的福利政策及安全保障等方面的管理中，都在“摸着石头过河”，处于自由生长阶段。为此，吉林大学吉林市研究院与罗科仕合作，共同建立多层次人才及数字游民研究服务中心，在国家鼓励发展灵活用工、发展数字经济的战略方向和建设人民共同富裕的指导方针下，为中国打造具有世界领先水平的数字游民平台技术研发和创新解决方案，同时提供操作性强的行业政策建议。

本书将在接下来的九章中讲述数字游民的现状和未来发展，理解国家在数字技术基础建设上的投入和鼓励数字游民发展的政策意义，以及如何寻找理想的平台开启自己的数字游民生活，打造平衡、和谐的事业和生活，在工作中找回热情和激情。

目 录

CONTENTS

第一章 拥抱数字经济时代

数字经济时代悄然而至 / 003

数字经济是一种创意经济 / 004

创意阶层崛起 / 005

第二章 重新定义组织和工作

工作的意义和需求 / 011

传统就业的终结 / 017

数字经济带来终身职业发展 / 021

终身学习者的机遇 / 027

第三章 数字游民来了

创作者的数字游民生活 / 035

认识数字游民 / 038

WeWork 在数字游民时代转型失败 / 050

第四章 数字游民的机遇与风险

中国数字经济发展和政策透视 / 055
中国数字游民的机遇 / 057
数字游民的核心要求 / 074
数字游民的商业模式 / 089
数字游民面临的风险 / 097

第五章 数字游民的人生选项

只工作不上班的数字游民生活 / 107
数字游民的时间管理指南 / 114
Tim Ferriss 的斜杠人生 / 117
打破自我的勇气 / 118
数字游民的力量源 / 122

第六章 生活在别处的数字游民

数字游民是另一种生活方式的创造者 / 129
穿越时空的“徐霞客” / 144
工作的本质是回归 / 147
数字游民将改变未来 / 152

第七章 数字游民的平台和工具

数字游民的进阶之路 / 167
数字游民的工具指南 / 169
数字游民的业务平台 / 170
数字游民服务平台的时代要求 / 172

第八章 数字游民的未来

世界为数字游民亮起绿灯 / 179
中国的数字游民聚居地 / 181
超级合作者社群 / 184
数字游民的支点 / 188
数字游民带来行业变革 / 192
未来，工作≠上班 / 194

第九章 未来幸福工作推动“幸福经济”的发展

幸福工作深度访谈 / 203
幸福经济 / 209
未来的幸福工作方式——数字游民 / 211

01

第一章　拥抱数字经济时代

数字经济时代悄然而至

1998 年，美国商务部在“浮现中的数字经济”中采用了经济学家唐·泰普斯科特（Don Tapscott）提出的数字经济概念。10 年后，经济合作与发展组织（Organisation for Economic Co-operation and Development，OECD）的《OECD 数字经济展望 2017》面世，明确了对“数字经济”的衡量。随着网络基础设施建设，智能机的升级迭代，互联网、云计算、物联网技术的发展，人类对大数据的数量、质量和速度的处理能力不断提高。在线交易、物流跟踪、移动支付、远程交流等形式极大地降低了交易成本，提高了资源优化配置效率，使社会生产力倍增，人类从工业经济时代进入数字经济时代。数字经济又称智能经济，在互联网、大数据等技术基础的建设上，数字经济为落后国家实现超越性发展提供了机会。我国许多领域超越性发展的实现，归功于数字经济提供的历史机遇。

进入 21 世纪，数字经济迅速发展。2020 年年初，新冠肺炎疫情暴发，为了疫情防控，几乎所有国家政府都进行了不同程度的人员流动和聚集限制。新冠肺炎疫情高峰期，全世界实施社交隔离的城市近 1000 座，采取封城措施的城市超过 250 座。在限制社交接触的情况下，大量企业不得不将员工和客户之间的互动转移到线上，数字化运营成为业务维持的必要选项。为了获得更大的生存空间，企业加速实施数字化战略布局。有关机构对全球 2569 家企业的调研数据显示，新冠肺炎疫情暴发后，全球数字化进程将提前 5~7 年。

数字经济的发展迅速、广泛、深刻地影响着人们的生活，推动数字经济发展已成为国家和社会的战略任务，数字经济的信息化本质使数字经济的特点更加突出。首先，互联网打破了传统的物理空间限制，使"地球村"成为现实。其次，释放时差约束，无论是信息传递还是贸易经济都能在时间上同步。最后，实时的信息收集、处理、应用使数字经济时代的发展速度远超过工业经济时代。同时，数字经济的发展让第一、第二、第三产业的融合趋势变得更加明显和快速。数字经济相对传统经济而言，具有更强的累积增值效果，且边际成本在不断下降，相对于传统经济模式，数字经济模式中的产品使用人数越多，消费者得到的效用越大。对于地球和人类而言，数字经济的发展降低了传统工业经济对土地、能源、生态等资源的依赖，减少了对环境的污染和对生态的破坏。相对于传统经济中的媒介平台依赖，数字经济依靠互联网能够直接连接生产者和消费者，通过降低交易成本来提高经济效益。

面对全球能源消耗过度、世界"银发族"人口数量增长、人民生活品质提升、男女职场差别待遇等世界性问题，中国连续 4 年在国家《政府工作报告》中写入"数字经济"，陆续出台《国家数字经济创新发展试验区实施方案》《关于构建更加完善的要素市场化配置体制机制的意见》等国家层面关于数字经济的顶层设计。2021 年，《中共中央关于制定国民经济和社会发展第十四个五年规划和二〇三五年远景目标的建议》明确提出"发展数字经济，推进数字产业化和产业数字化，推动数字经济和实体经济深度融合"，从各领域、多维度为数字经济发展提供政策支持。

数字经济是一种创意经济

数字经济发展的历程中，不同时期的发展推动力是不一样的。从数字技术的产品或服务到国家提出的数字文化新型业态，再到现在开启的数字消费场景日常化，数字经济在不断地迭代升级。在 2018 年的数字经济 GDP 中，数字创意产业的贡献值成为数字经济 GDP 的领头羊。

新冠肺炎疫情暴发后，人们因控制疫情扩散需要暂停了实体空间活动，中国通过数字技术为城市运转搭建了新的平台。云娱乐、云社交的出现改变了人们连接周围关系的方式，改变了艺术、文化呈现的方式。作为国家经济可持续发展的关键，创意与创新经济在数字经济时代迎来了历史发展机遇。互联网技术将艺术家和创作者的作品传播变得更加容易和广泛，使他们获得报酬的方式和渠道变宽，人们接触和获得创意产品的门槛降低。

数字技术驱动的数字经济对于文化创意产业的发展具有重大意义。它让几乎所有人都能够获得优质的教育、知识、文化资源，为社会包容发展和国家经济可持续发展提供了强有力的保障。创意和创新在这种相互联通、不断促进的背景下，带动了国民经济的发展。在疫情常态化的背景下，人们的创意创新意识在数字技术的驱动下蓬勃发展，不仅使中国涌现出的优质内容创作者将中国传统文化传递到世界，而且催生了新行业、新职业，充分体现了数字经济的创意经济属性。

创意阶层崛起

北京是中国的政治文化中心，不仅是中国城市发展进程中的超一线城市，而且拥有底蕴深厚的饮食文化、民风民俗和古老壮观的建筑，如老北京糖葫芦、豆汁儿、焦圈儿、四合院、故宫、奥体中心体育馆、著名博物馆、文化场所、城市公园等。这里不仅聚集了一流的高精尖人才，而且是许多商业巨头总部的所在地。很多人满怀憧憬来到满是人才和机遇的北京，为了理想开始“北漂”生活。

在中国社会科学院发布的《城市蓝皮书：中国城市发展报告 No.11》中，北京在中国 288 座城市中的城市健康发展指数居第一位。但从 2017 年开始，北京的人口流入呈现负增长趋势，高房价、高房租、耗时的通勤、生活成本过高、生活节奏过快等原因加速了“北漂族”离开北京。

北漂族离开北京后去了哪里？继“北漂”之后，“杭漂”出现了；与此同时，南京、西安、长沙等地人口增速开始加快。我们询问那些离开北京去了杭州、长沙的人为什么离开北京而选择杭州、长沙，他们回答的共性因素值得我们思考：这座古老的城市缺乏生活方式的选择和对创意宽容的态度，这些对创意一族来说是非常核心的吸引力和选择因素。这让他们无法适应这座城市。

这些离开北京的人和他们对生活方式的选择因素代表着中国经济发展和生活方式创新的新生力量。这些人普遍受过高等教育，是学习能力强、具有创意创新能力、能够在职场中获得高薪的劳动力主体。他们的努力程度直接影响了企业的利润率和利润增长速度，他们分布于各行各业，做着各种各样的工作——从技术到娱乐、新闻到金融、高端制造到艺术，他们身上有一种共通的精神内核——重视创造力、个性、差异和价值。

数字经济的发展让创意阶层的成员和他们的经济活力自然流向更宽容、更多元化、对创造力更开放的地方。创意阶层的迁移会成为未来地方城市发展实现超越的难得机遇。对中国而言，创造力在哪里受到更多重视，哪里对创意群体的包容性更强，哪里就可能会出现下一个“硅谷”。随着创造力的受重视程度不断提高，创意阶层也在不断壮大。

数据显示，北京、天津、上海、辽宁等 13 个省（市）出现创意阶层流失现象，而浙江、江苏、重庆、湖北、福建 5 个省（市）的创意阶层正在快速增多。从区域分布的状况可以看出，经济发达程度并不是创意阶层在意的首要因素。

中国是一个处于经济发展上升阶段、充满发展活力的国家，中国的移动互联网基础设施建设处于世界领先水平，是全球5G网络辐射面最广的国家。互联网大国的背景为吸引创意人才和发展创意经济提供了巨大的空间和发展机遇。高收入水平专业人士流入的速度和数量将会成为地方经济发展的重要影响因素。新冠肺炎疫情暴发后，国家统计局对全国6万家创意类输出相关企业调查的数据显示，2020年全国创意类营业收入10万亿元，即便有新冠肺炎疫情影响，仍然实现了比2019年同期增长2.2%的成绩。

创意阶层聚集的地方，往往会出现劳动力密集的情况。对于他们来说，“一份稳定的工作”不再是他们考虑的重点，而是将生活方式和兴趣作为选择的主要因素。

旅居云南大理的九月（化名）原来是上海一家投行的高管。投行工作节奏快，对人的精力要求高。追求完美、对自己要求严格的九月在40岁前从未考虑过健康和生死的问题。她的生活里几乎只有工作。直到有一次在机场突发疾病被送往医院，她才意识到生活不应该是这样匆忙着急的状态，好像除了工作，和家人、朋友都关系淡化了，没有时间停下来好好陪伴父母和女儿，没有时间和朋友聊天，没有时间安静地感受一天里光线从明到暗、月亮东起西落。

九月选择停下来。她去云南大理开了一间只有几个房间的民宿，插花、喝茶、做菜，陪女儿一起画画写生，听父母聊聊旧时光，偶尔来一趟说走就走的旅行（见图1–1）。依靠多年的工作经历，她拾起了原来一直喜欢的写作，将投行的工作故事、民宿中的旅行故事写成文章，粉丝数量快速增加，让她在真正为自己的工作感到快乐的同时，又获得了极好的收入。

图 1-1　数字游民九月旅居地外景

钱多事少离家近，这种上班族的理想工作在创意阶层离开固定职场后得以实现。在互联网打破了时间、空间的限制后，创意群体的能力得到充分发挥，无论是经验丰富的职场老人，还是纠结事业和家庭无法兼顾的妈妈，抑或是被通勤、房租挤压的年轻人，在数字经济时代，他们有了可以探索适合自己的工作节奏和生活方式的机会。

02

第二章　重新定义组织和工作

工作的意义和需求

“快快快，还有两分钟就要迟到了。”即便穿着高跟鞋也不得不一路小跑，顾不上被风吹乱的发型。

“加班到深夜，又错过了末班车。”这是每个职场“工具人”都遇到过的情景。

“好的，妈妈 / 爸爸马上回去，宝贝不要哭。”每个做了父母仍在职场奋斗的人都曾两头为难。

“还有几天年假，要赶快休掉，不然又要作废了！”积攒的年假是为数不多可以光明正大不用上班的休息日。

那个从远程监控视频里看到年迈的父亲摔倒而不能及时赶过去的程序员，那个面对出门时孩子在睡觉而回家时孩子已睡着的妈妈，那个被人推挤着坐上公交、地铁的自己，这种生活空间和时间的挤压让人开始怀疑工作的意义到底是什么。

工业革命带给人们的工作方式让办公室成为禁锢人们的枷锁，将生活和工作分裂成不可兼顾的两部分。

根据马斯洛需求层次理论[①]，人们对工作的需求是赚取生活物资、获

① 马斯洛指出，人们需要动力实现某些需求，有些需求优先于其他需求。马斯洛的需求层次理论是心理学中的激励理论，包括人类需求的五级模型，通常被描绘成金字塔内的等级。从层次结构的底部向上，需求分别为生理（食物和衣服）、安全（工作保障）、社交需要（友谊）、尊重和自我实现。

得安全感，在工作中进行社交活动，体会到被需要的感觉，最终实现自我价值。人在不同阶段对于需求被满足的要求是不同的。例如，革命先烈为了理想和信仰，甘愿牺牲生命，在那个时候，物质需要和安全需要都不在考虑的范畴。

对于数字时代的人来说，面对“996”“007”的工作节奏，以失去生活品质为代价来获取的生活物资、满足最低层次的生理和安全需求不再是唯一的选择。对于新消费时代的人来说，工作的需求除了基本的生理需求、安全需求，对周围关系的连接、自我成长及自由和创新的活力都有了更高的要求。

对于数字时代的数字公民来说，工作不只是获取财富，更多的是能够在过程中充分发挥自己的能力，做自己擅长和喜欢的事情，感受工作带来的乐趣，享受工作中的挑战，在工作中结识志同道合的朋友，完成自我认知和内在成长，收获有创意的、有趣的自由生活。

人们对工作的选择是从被闹钟催着匆匆忙忙开始，还是从容地按照自己的节奏进行？面包和自由的选择让许多职场人感到纠结和困惑。

从农耕时代，甚至更早的智人时代，人类还不知道“工作”这个词的时候，工作就已经开始了。那个时候人们的工作和生活是一体化的，他们根据季节的变化安排工作，在照顾好自己家庭的同时与周围的自然环境和谐共生。而家庭或组织中的分工主要根据每个人的特性进行，最大限度地发挥自己和周围资源的优势，没有人向你提出关键绩效指标（Key Performance Indicator，KPI）和各种考核要求，所有的选择都基于对自我的认知和周围关系的平衡。

随着工业革命的到来，人们的分工越来越细，个体在工作中获得的体验感和成就感变弱，除了保障最基本的生存，工作者失去了对工作方向和意义的感知。而资本家为了获取最大利益，只能不断延长工作时间。为了便于管理，隔离人与人之间的交流和碰撞。上下级分明的组织结构是工业经济的组织形态，这些阶层的分化促使人们为了融入而压制自我的精神需求，成为没有感情的“工具人”。而不断延长的工作时间让人在工作之余没有其他选择，呈现出选了生活没有工作、选了工作失去生活的极端化。

随着数字经济时代的到来，大数据的超级运算能力，互联网的跨时间、空间的连接能力，虚拟技术的现实呈现能力为人们释放天性创造了机会，为人们在工作和生活中找到平衡提供了基础技术的支持，让工作和生活融合成为可能。

在这个数字经济时代的风口，世界各国都在发展数字经济，在施行数字产业化和产业数字化转型升级的背景下，每个人的数字化转型和发展也成为迫在眉睫的事情。

个人职业数字化的认知和量化

随着人工智能、大数据、物联网、5G 等新一代信息技术的不断升级，数字化已经无孔不入地融入我们的生活。小到在路边买一个煎饼果子，大到买车买房，都可以使用微信、支付宝等即时支付工具，一系列改变固有行业规则的平台，如网约车、共享单车、电子书、外卖、网购等产业开始遍地开花。当生活中的一切只需要一部手机就能搞定，任何信息都能一键获得，这些变革将人们过去的固有认知和生活方式颠覆之后，原来被禁锢在办公室的工作方式也将面临被淘汰，人们需要更大的平台和媒介，需要使用更自由的方式进行工作价值的输出，以一种全新的视角审视自己的生活。

新冠肺炎疫情暴发后，中国有 1800 万家企业入驻移动办公平台，数亿人使用远程移动办公。从国家司法系统的线上法庭到教育系统的大学、中学、小学直播授课，数字化的大量应用已经彻底改变了人们对于沟通和学习必须面对面进行的认知。而中国在这次新冠肺炎疫情中利用了互联网的大数据跟踪、生活轨迹查询、线上调度等，极大地降低了新冠肺炎疫情导致的经济损失和风险。这种不用去办公室的远程工作方式，在新冠肺炎疫情暴发后呈现良好的发展态势。很多公司和员工发现这种远程工作的方式不仅沟通效率更高，而且大家的接受度更快。除了如酒店服务行业、商务接待工作等需要面对面交流的工作内容，大量创意类工作更适合线上远程办公。

在数字经济时代，人们对于工作的追求，除了有稳定的收入以保障生存，更关心的问题是什么？

Lisa 是我们的一个编剧朋友。一年前她决定辞掉工作，在清理了大部分物品后开始了她的"数字游民"之旅。作为"80 后"，她和大多数"80 后"一样是独生子女，从小生活在父母的严密保护和严格管教下。工作后，又从事编剧行业，常常熬夜而黑白颠倒。在线上工作方式盛行后，她发现远程交流完全可以解决工作中遇到的问题，最终决定辞职，成为一个数字游民。

但她的选择没有得到家人和朋友的理解和支持，大家认为她是为了逃避生活压力。

"事实上，我只是厌烦了日常工作一成不变的窒息感和父母无微不至的照顾。我期望认识新的朋友，品尝新的食物，了解不同地方的民俗文化，也接受旅行带来的任何冒险。"Lisa 这样告诉我们。她说这段话的时候眼睛里有光，是那种对新生活的向往和对自己的信任。

在做数字游民平台和轻创业平台的过程中，大多数数字游民和互联网轻创业者对于工作的需求在数字时代都发生了本质的转变。

他们对工作的选择除了满足生理需求和安全需求，更关注自己的成长、工作带来的幸福感、自我价值的实现和自由。就像雄鹰，自由、冒险、好奇是它们的本性，一旦被关进笼子，将失去它们的光彩。

在数字游民盛行的时代，我们怎样判断自己职业的数字化程度及未来发展方向，如何在数字经济时代进行自我量化、自我优化，实现职业数字化转型升级呢？

图 2-1 呈现的是笔者用手机记录的运动数据，从跑步的距离、时间

到心率和消耗的能量，这种数字化的呈现比起自己的感觉更加客观、理性。它让我们对自己的时间、自己的健康有了一种“掌控感”。随着数据的呈现，尤其是能量的消耗，数据记录将会成为人们在健康管理上自我量化的长久动力。

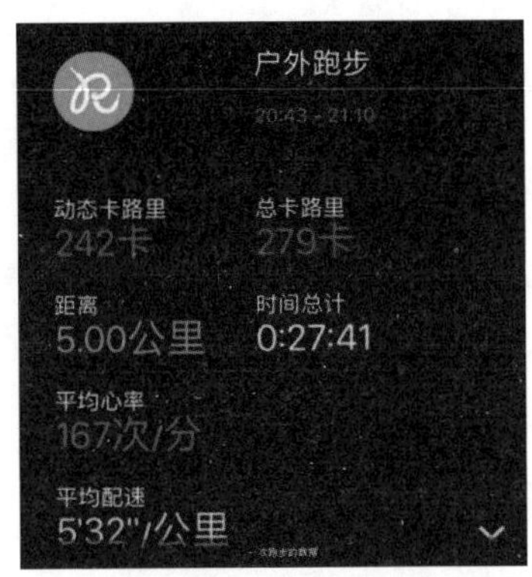

图 2-1　笔者用手机记录的运动数据

从早晨几点起床到晚上几点睡觉，从电话的数量到通话的时长，从工作中的考核表到医院检查的数据表，数字伴随我们的一生。

人们发明出各种工具来对人生进行测算、对能力进行衡量，根据苹果公司官方发布的数据，90% 的苹果用户都下载了理财记账和饮食运动记录的应用程序，而数字化自我的最终目的是用数据追踪来进行自我认知的判断。当一切都以数据的形式呈现在眼前时，我们可以避免主观感受带来的巨大偏差，用理性的视角进行自我审视。在一目了然的数据中，能够真正做到认识自己。

最早在 2008 年，《连线》杂志主编 Kevin Kelly 和 Gary Wolf 提出了量化自我的概念。这个概念最初指那些用数据探索身体以寻求更健康的生活的人。

在数字经济时代来临的今天，量化自我已经因为互联网大数据、人工智能、物联网技术的全面覆盖，成为一种关于自我认知的哲学。通过我们记录的各种数据让我们对自己的变化了如指掌，进而更好地、有针对性地进行提升和学习。量化自我通过准确的数据呈现，是一种使自己成为专家的理念。

《谁拥有未来？》(*Who Owns the Future*？）的作者、电脑科学家 Jaron Lanier 认为，如果每个人都能因此变成科学家，消除原来的偏见和盲区，那么社会生产力将得到巨大提升。

量化自我对于已经成为或想要成为数字游民的人来说尤为重要。在量化自我的过程中，正确认知自己的优势和短板，进而规避互联网显微镜效应的风险（我们在做数字游民平台时发现了互联网的显微镜效应)。因为互联网信息传播快捷、广泛，任何事件经过互联网的发酵，就像在显微镜下看细胞一样无所遁形；而互联网的数据存储能力和大数据计算能力让我们的信息数据像在显微镜下一样清晰到分毫不差。所以在互联网时代，人们需要花费更多精力去维护自己的名誉和信用。这对国家和社会整体信任度的提升及信用体系的建立，会产生巨大影响。

在互联网时代之前，你做一件坏事只会在小范围传播，也许换一个地方生活就能消除这种影响。但互联网时代，只要你有上网或出行需求，你的所有行动轨迹和做过的事就会有迹可循、清晰可见。这对于个人来说，需要更加爱惜自己的“羽毛”，提高对自己的要求。

那么，有哪些数据需要在我们的职业认知中重点关注？除了工作技能、时间管理、理财能力、学习热情、思考方式等，还需要考虑许多外部因素，包括社会环境、周围的社会关系、亲人朋友的亲密程度等。

数字化本身是一种人为构建的体系，但它并不是唯一衡量的标准。尼尔·波茨曼在《娱乐至死》(*Amusing Ourselves to Death*）中论述道：“我们认识到自然、智力、人类动机或思想并不是它们的本来面目，而是它们在语言中的表现形式。我们的语言即媒介，我们的媒介即隐喻，我们的隐喻创造了我们的文化内容。”“我们这些现代人总认为可以把真理和数量对等起来。”这一点和毕达哥拉斯及其追随者所认为的“数是万物本源”有惊人的相似之处。而很多心理学家、社会学家、经济学家喜欢借助数字来陈述事实，否则似乎很难说明一件事情。所以，我们在数字游民平台的建设中，通过大量数据演算了工作选择中很难量化却十分重要的因素——喜欢和热情的力量。每个人所喜欢的不一样，评价的标准和自己所处的境地不同，对于事物的认知理解也不一样，所以他们的热情得分差别很大，事实证明只有热爱才会真正有力量去做好一件事。

从数据角度反证了热情的力量，这契合了数字游民在工作中需要的自由度、创新度及独特的个性呈现。

传统就业的终结

传统工业时代的就业模式和企业困境

在传统工业时期，全民就业成为社会主流，大多数人过着通过被雇用来领取报酬的生活。工厂系统的建立摧毁了家庭手工业，购买农民的土地使农民失去了生活的基础而到工厂工作。而交通发达促使人们向更远的地方进行工作迁移，物理空间的障碍使他们和他们的家庭、居住的地方切断了联系。

工业时代的就业对于女性更加不利。过去，男女共同承担家庭和农业工作，共同进出。就业之后，男人出去赚钱，女人承担没有任何报酬的家庭工作，这种分工导致男女之间的价值观念发生转变。为了平衡这种家庭关系，男女平等的说法只被套用在就业上，女性不仅要和男性一样就业，而且承担很多家庭责任。最重要的是同样的工作内容，男性往往比女性的收入更高。随着国民经济水平的提高、人们受教育程度的加深，男女之间所谓的平衡被打破，越来越多的人不愿意走入婚姻，不愿意生育子女。

遇到问题的不仅是女性，对于年轻人和老年人同样不友好。年轻人和老年人同样想要活跃的生活，但是在固化的工作环境、生活压力下，年轻人丧失了创新的热情和动力，而老年人则在身强体壮之时被淘汰，美其名曰保持团队年轻化。招聘平台的数据显示，以 TMD（字节跳动、美团、滴滴）为代表的新生代互联网公司的员工平均年龄为 30 岁（含）以下。其中字节跳动和拼多多的员工平均年龄只有 27 岁，相对于他们，平均年龄 33 岁的滴滴职工已算是互联网行业的高龄群体。年轻人进入这种年轻的团队，短期来看可能需要的是活力和创造能力，但按照一个人 24 岁大学毕业，而到研究生毕业已经 27 岁，他们完全没有时间和平台来发挥和施展能力就面临被淘汰。而就业环境对于“40 后”“50 后”群体来说则更为残酷，无论曾经有多少辉煌的成绩，年龄这一条标准线就切断了一个人的职业生涯。这种选择标准直接导致就业市场出现青黄不接的现象，35 岁之后的劳动力成为主要失业群体，大量智慧财富被冷藏，国家经济创新失去活力。

对于企业雇主来说，用人环境同样严峻。大量就业人群找不到工作的同时，企业也面临着“用工荒”，整个社会陷入人才断层危机。究其原因，企业只想要肯吃苦又有一定工作经验的人，对于刚刚毕业的年轻人，企业是“看不上”的。因为刚进入社会工作经验不足的年轻人，企业需要付出更多的培训成本和时间成本，随之而来的用工成本攀升是企业不愿意看到的。另外，对于有丰富经验的老员工或成熟职业人，企业会认为他们缺乏创新能力，并且薪资要求高，从而选择放弃。

这种恶性循环无论是对求职者还是企业雇主，是两败俱伤的。

移动互联网技术打破时空限制

新冠肺炎疫情暴发后，许多行业的原有格局被打破。数字游民这种新生活方式的出现离不开移动互联网技术的发展、物联网的成熟、人工智能的应用。自 2015 年习近平总书记在第二届世界互联网大会上强调构建网络空间命运共同体的中国担当，到 2021 年国家提出共同富裕方针，6 年间，中国数字技术的发展已位居世界前列，数字经济在国民经济总产值中开始占据“C 位”。

物联网的发展让人和世界相融。相对于过去的互联网技术终端，移动互联网的终端更加小巧、便利。这为人们在使用过程中的移动提供了基础技术支持。不仅如此，当前物联网的发展使我们身边的一切物体都可以成为接收信息的媒介和平台，随时随地开展数据处理、信息分析。这让原来平台互动只是人和人之间的互动转化成人与物、人与人、物与物之间的互动和连接，完全实现了不限时间、不限空间甚至不限物种的交流。

虚拟现实（Virtual Reality，VR）和增强现实（Augmented Reality，AR）技术的出现将人和内容之间的互动模式从阅读、观看变成了参与，能够在虚拟世界构建现实空间。电影《疯狂玩家》的情节可能会在未来实现，让人们在虚拟空间感受到真实空间的互动效果，并且可以自由选择身份和角色，得到不一样的人生体验。

随着移动互联网的技术更新，人们在移动社交上的应用已不再局限于交流，催生出了新的社群经济模式。人们从最初交流的情感需求到将内容转化为生产力，将虚拟世界的连接转换成真实的社会关系，从而发挥出更大的创造力和经济效益。这种数字空间催生的社群比现实生活中因为某一件事而关联在一起的关系更加牢固，他们基于共同的价值观、爱好和兴趣联合得更加自由，组织也更加灵活。

伴随着数字技术基础设施的完善、5G 技术的全面覆盖，人们的工作方式呈现出人与周围环境之间产生归属感的情景，不同于工业经济的禁锢和等级划分，数字经济时代对于自我的探索和对工作的认同感在这种穿透时空的时代得以实现。

微创业将成为未来职业形式

数字技术打破了时空的界线，让就业发生了根本性变化，就像《就业的终结》中所言，“你的未来不属于任何公司”。对于公司而言，未来的发展很可能是微创业者集合的平台，人与人之间不再是传统的雇佣关系。相对于依循他人所创造的就业系统而工作的就业来说，连接、创造和发明系统的企业、个人、小团体的创业行为将会成为未来的职业发展方向。

我们采访过心能源的创立人李晖，他说：“让原有的员工变成独立的创业者，企业变成创业者的平台，将是未来企业发展的新的活力源泉。”

李晖是一名从事保险行业 26 年的老保险人。相对于其他行业，保险行业应该算是鼓吹最多的自由职业鼻祖，在招募新人的时候都在宣传，不用严苛的考勤，收入也能超越大多数人。这是许多年轻人、妈妈族、职业瓶颈无法突破的人群选择的行业。但事实上，在表面自由的背后是严苛的 KPI 考核制度、激情澎湃的鸡血文化。这种工作方式导致如果有 100 个人加入保险行业，最先销售的对象都是自己的亲戚朋友，等这波资源使用之后，95% 以上的人会选择离开。这也是保险行业始终在大量招聘的原因。

显然，在数字经济时代，人口数量增长迟缓，保险行业传统的人海战术已经被淘汰，人们对于信息的获取更加高效、系统、全面，对于自身的需求有比较明确的想法。这时的保险人已经不能靠单纯的说话术和技巧去发展业务了。

保险业作为一种保障和金融工具，在数字经济时代需要更加专业的人才为保险行业的发展注入活力和提升信心。

在这样的历史机遇下，出现了李晖这样主动将自己的固有经验和模式进行思维转化的人。他在不断提升专业知识的同时，将原来的传统思维剥离，搭建了自己的数字平台，以保险行业专家为角色定位，不仅为客户提供全面的家庭理财、保险规划，还为保险从业者提供职业辅导，同时建立自己的移动数字展示平台，在各短视频平台传播。

这种模式完全和过去传统保险行业的做法不同，不再以业务为导向，而是专注于客户的服务体验。通过移动互联网的技术支持，将原来只能一对一、面对面的咨询变成可以直播呈现、即时互动的数字化展示，为更多人免费答疑解惑，在这个过程中收获有明确需求的客户。同时对保险行业的专业知识讲解，对法律、金融知识的系统补充，让更多人愿意加入，最终实现保险行业的正循环。

最重要的是，这种传播互动的方式让自己完全掌握了主动权。无论是时间管理还是人际关系的维护，都因此变得简单高效。

保险行业从业者不再是过去那种和保险公司签订合同，成为它们的雇员，而是成为一个传递者和创业者，保险只是他们服务模块中的一项，在此基础上，保险行业从业者可以为客户提供更多的服务，最终实现以客户为导向的工作模式，而自己也能在工作中收获尊重和财富。

李晖说："自从转换业务思路，收入比之前多了一倍，工作也更加轻松。有更多时间来关注自我生长，能慢下来去体验生活，这和以前被考核催着走的状态简直是天壤之别，之前是不可想象的。"

传统企业在数字经济时代必然要面对思想意识的转变，这已经不再是一个单纯靠雇佣和命令就能实现企业发展的时代了，国民物质基础的提升必然带动人们精神世界的自我探索需求变大。

数字经济带来终身职业发展

对于职场人而言，"35 岁 +"似乎已经成为一个魔咒，成为职业发展很难突破的"瓶颈"，这种现象导致就业市场对于年龄产生了强烈焦虑。而企业对于员工年龄的态度，在中国老龄化加速的背景下，明显不合时宜，其背后逻辑是工业经济时代企业利用劳动力充足的优势来提升利润的想法。

伴随着数字经济时代的到来，在国民受教育程度和物质基础提升及人口老龄化加剧的背景下，就业市场呈现出年轻劳动力供应不足，大龄及老龄劳动力被排斥的局面。

根据对南开大学经济学院教授、博士生导师原新的采访分析，中国于20世纪末21世纪初开始步入老龄化，近20年来，老龄化加剧的同时出现了人口负增长趋势。据人口普查数据，截至2020年底我国60岁以上人口2.64亿人，这个数字将在30年后达到4.9亿人，这意味着世界每4个老人中就有一个中国人。不仅如此，中国的老龄化进度比世界上任何一个国家都快，老龄化程度在16年间就从深度老龄化走向了中国老龄化，比发达国家的老龄化进度快了14年，老龄化的速度远超过人口增长的速度。

老龄化社会形态形成，使人力资源分配、老龄经济发展、劳动力供给等问题成为全社会共同面对的问题。20世纪70年代已经进入老龄化社会的日本，在老龄化带来的经济衰败背后，政府的应对方案有哪些值得我们借鉴?

世界所有国家老龄化的加剧都有两个共性原因：一是出生率降低，人们的生育意愿不足；二是经济增长后，平均寿命延长、死亡率下降。人口老龄化首先影响的就是劳动力市场供应不足，直接导致企业的雇佣制度出现危机。20世纪90年代前，日本采取终身雇佣制，这为当时社会发展、企业稳定、员工及家庭生活保障作出了巨大贡献。但随着老龄化的出现，终身雇佣制瓦解，一方面是大量老龄员工需要大笔支出，企业无力支付；另一方面是僵化的管理制度无法吸引年轻劳动力进入。

除了劳动力供应不足、年金制度崩溃，护理保险负担加重，年轻人的赡养负担加重也成为突出问题。无论是劳动力供应不足还是老年人消费习惯，都不利于经济发展和产业结构升级。这直接导致日本经济在腾飞之后因为老龄化而陷入增长缓慢的境地。

同样，对于世界人口大国的中国而言，老龄化的加剧影响和制约着经济发展，而传统企业，包括以平均年龄为人力资源考核标准的互联网企业，其就业环境被制约，这与国家共同富裕、共享富裕的指导方向背离。

人民幸福的基础之一就是工作环境和工作价值实现。目前，中国社会的年龄裁员成为一种“时尚”，这些由于年龄被裁员的人都去了哪里？他们的幸福感如何获得？因年龄被裁员的微博用户的帖子见图 2-2。

34了，被裁员，十几年没有找过工作了，也没好意思让朋友内推，先海投找补点经验。面试一家公司，面试官32，问到年龄时，那一脸嫌弃的表情。我就乐了，是个人不都会35岁么。有什么可优越的。

132　35　169

图 2-2　因年龄被裁员的微博用户的帖子

网上有关因年龄被裁员的信息很多，大家对于就业怀有麻木和无奈的情绪。尽管时代发展迅速、技术更新迭代加快，但对于许多创意和技术工作而言，没有时间的积累和沉淀是很难见到成效的。美国电影《实习生》的剧情中，年轻的互联网总裁和 75 岁退休在家的职场老人因机缘巧合发生了一场年轻人和老年人的思维碰撞，两人在人生经历和面对事情的态度的差别值得今天中国的创业者和企业家思考。

传统工业经济的企业雇主宁愿花更少的钱去请一个新人，认为只要有足够的时间长度榨取就能创造同样的价值，事实上这是不可能的。中国工业经济前的商业环境一直采用师徒制传承模式，师徒制的含义不仅是学习技艺，更要学习工作态度、做人的智慧，所以中国有句话叫“一日为师，终身为父”，这是一种文化的传承、人生智慧的传承。

工业革命之后，社会迎来经济发展的同时，人们丧失了对于老马识途优势的认知。互联网技术的发展让越来越多的碎片化知识和信息满天飞，人们对于知识和信息的获取有了更多的机会和渠道。对于学习一知半解的态度成为互联网时代的突出问题，碎片化的信息让人对于事物的理解越来越片面化，最可怕的是让人误以为那就是真理。

事实上，许多职业和工种在互联网技术的冲击下，愈加凸显出经验积累和时间沉淀的价值。

经验智慧的传递是经济发展的基石

中国是一个有着5000多年文明的国家，经验和智慧的传承让这个古老的国家一次次迸发新的生机。改革开放后的中国进入了经济发展的快车道，在经济快速增长的背后，人们对于工作的体验感越来越差。尤其是互联网全面覆盖之后，我们听到越来越多的新词——路怒族、留守儿童、空巢老人等。

孩子和父母之间、老人和子女之间的联系因为工作变得淡薄，巨大的工作压力导致工作和生活之间呈现割裂状态，原有的家族和文化传承出现断层，老人和孩子得不到陪伴，职场中人失去家庭的情感氛围，所有人都被就业压力和裁员恐慌催促着，无法停下来关注自身的成长和生活。

在我国进入经济增长的新时期，习近平总书记明确强调，实现共同富裕不只是经济问题。在共同富裕的方针下，人们对于美好生活的需求已经不只是报酬收入问题，更是工作价值和自我实现的需求。

这种工作价值和自我实现的需求对于占据中国近3亿人口的老龄人群而言，是自身工作经验的传播与传递需求，是新事物学习平台和渠道的需求，是人际关系的互动需求。

发挥老龄化人群的劳动力优势，加强社会对于老龄人群的扶持，充分带动“银发”经济动力，不仅有助于减轻青壮年的生活压力，而且更有利于老龄化人群的经验、智慧沉淀、总结使用及他们的价值体现，最终实现共同富裕、生活幸福。

特约访谈——理财规划师、中华遗嘱库联合创始人麻杰山

国家文件中关于延迟退休的规定正在逐步落实。目前，国家的城镇人均寿命超过77岁，这一规定是减少人力资源浪费的有效做法，也是国

际上应对人口老龄化的常规做法。但现实情况是当延迟退休遇上企业年龄裁员，中间有25~30年的断档如何填补？老年人如何在职业发展中发挥优势，为中国“银发”经济发展作出贡献？数字经济时代，数字技术带给终身职业的发展什么机会？终身职业会在哪些行业产生？进入这些能够终身成长的行业需要做哪些准备？

带着这些问题，我们对已经60岁的理财规划师、中华遗嘱库联合创始人麻杰山进行了访谈。麻杰山是20世纪80年代初的大学生，曾任铁道部工程师，任职国家机关，也曾创业做过传统行业，也曾供职投行，近20年一直专注于家庭理财规划和中华遗嘱库事业。

问 国家目前正在逐步落地的延迟退休计划对很多人来说都是难以接受的。同时，职场中面临着年龄裁员，从互联网企业的30岁以下蔓延到现在传统企业的40岁以下，这个年龄距离男65岁、女60岁的退休门槛还有25~30年。这段时间的空当除了叹息，还可以做什么？

答 国家在《关于推行终身职业技能培训制度的意见》中明确阐述了关于终身职业中的培训、学习、成长问题。而数字经济的发展和数字技术的升级，为培训学习降低了门槛，人们可以足不出户学到最新的知识和技能。这对于每个人来说，无论是年轻人还是老人，都是极好的机会。而我们看到的关于年龄裁员，实际上更大概率是裁掉没有主动学习心态和学习能力的人。无论在什么环境下，组织都不会拒绝一个热情、主动、专注的人。我自己在近40年的职业生涯中，从事过几种不同的工作，但每份工作都要将自己作为职业选手来要求。这是终身成长的必修课。并不是说你现在退休了，只能每天养猫遛狗、含饴弄孙。现在是最好的时代，大部分事情可以在线上做。

问 老年人如何在职业发展中展示自己的优势?

答 人们对于老年经济不友好，很多时候并不是别人的问题，而是不喜欢老年人思想僵化、停滞不前。这是很多人在上了年纪、积累了一定经验后会出现的问题，好为人师的做派引起年轻人的抵触。对于老年人来说，能够利用自己的智慧做帮助他人的工作是一件十分有意义的事情。目前，中国已经进入老龄化，如果六十来岁就退休，按照现在人均寿命80岁，还有20年的时间是空白无聊的。发挥自己的余热为社会做贡献，才能不会因为寂寞和自怜自艾导致老年人上当受骗。老年人在职场中的优势，相对于现代社会的快节奏，恰恰是从容和笃定。经历过岁月的洗礼，对于人和事的看法都会更加豁达，这是老年人在发展事业时的优势。

问 数字经济时代，数字技术带给终身职业的发展什么机会?

答 我现在除了在线上开通家庭理财的科普视频号给同行从业者分享，还会写书和旅游。每天散步、写作、联系朋友和客户，去不同的地方住几个月。不同于年轻时的走马观花，是深入地沉浸在当地的风俗风情里，在自然和人群中感受自我。过去，如果要和一个客户谈工作，可能需要几个小时的时间去见面，而且常常跑空。但现在的数字经济时代，很多事情在线上就可以进行，不受空间限制，也不用考虑交通成本。我用过很多视频授课软件，在新技术的使用上，是需要一直学习的。

这种技术的进步，对于老年组的职业选手来说，节约了大量的时间和精力，减少了不必要的出行。实现工作和生活的和谐，只要你愿意进步，未来的职业一定是可以持续发展的，对于年龄的限制会越来越少。

问 终身职业会在哪些行业产生?

答 在第一、第二、第三产业之后，未来产业的发展一定是专业技能型、创意型、智慧型产业。在这样的趋势下，终身职业的发展会集中在创意、技能、智慧领域。例如，我现在所说的理财规划及遗嘱管理，这里涉及的金融、法律、情感等模块都需要非常专业的知识积累及对于人性的理解。其他如律师、理财师、作家、编剧、艺术家、心理咨询师等职业，将会成为终身职业的发展方向。

问 进入这些能够终身成长的行业需要做哪些准备?

答 进入这些行业，首先需要大量的知识储备及超强的学习能力。其次需要非常好的自我管理能力。虽然处于没有人监督的状态，但是自己应该清楚自己需要做什么、应该做什么。没有人要求的时候，只有依靠自己的自律。另外，还需要周围环境的支持。这些终身职业有一个特点，短期内是很难看到效果的，需要大量的积累和沉淀。如果年轻人总想一夜暴富，那应该就不存在终身职业了。

通过这次访谈我们可以看出，在数字经济时代，“银发”经济和数字经济的融合发展通常会基于社会责任和利他心态。通过对“50后”“60后”依然在工作中活跃的人员调研采访，现在很多40岁、50岁，甚至年龄更大的人，对于智能手机和各种软件的使用都是非常熟练的，他们中间有人做电商、有人直播带货等。“银发”经济在数字经济时代呈现新的景象，摆脱了年龄和环境对于老年人的限制。

终身学习者的机遇

被打破的稳定——未来将没有稳定的公司和工作

这是充满变数的时代，也是充满机遇的时代。

随着数字经济的发展，原来被工业经济时代推崇的生存哲学已经有了很大不同，很多人在被时代卷走的时候，都不知道发生了什么。“毁灭你，与你无关。”这句科幻小说里的话正在数字经济时代的商业环境中真实上演。

当年三足鼎立的中国通信三巨头——移动、联通、电信打得不可开交，它们没有想到，最终打败它们的是微信。腾讯推出了微信后，原来的电话、短信功能被微信轻松取代，这个时候它们才明白，原来对手并不是彼此，而是第三方。

小时候经常看到的柯达相机胶卷，埋葬它的并不是同行的尼康、富士，而是毫无关联的具有拍照功能的诺基亚手机；过去我们的储蓄和汇款只能依靠银行，忽然有一天，支付宝跳了出来，几乎包揽了所有的收支业务，对银行业造成了冲击。我们处在一个快速变革的时代，创新者接二连三地出现，让人们的生活方式发生了根本性的改变。

现在的我们已经习惯了手机点餐、出门扫码骑车，这些在以前是不可想象的。数字化、智能化的时代背景下，无时不在进行着看不见硝烟的厮杀。未来，所有的产品、服务都将被重新定义。

跨界打劫成为数字经济时代的常态，你不知道自己的企业将会被谁干掉，稳定的企业和稳定的工作将成为过去式。纽约大学人类学教授大卫·哈维在所著的《资本社会的 17 个矛盾》中指出，科技及人工智能将全方位缩减传统行业的工作机会：“有些人认为新技术将创造出大量职位，足以弥补自动化造成的职位损失，但这种想法‘纯属幻想’。”这种可以代替的幻想通过一个场景想象一下：一个可以 24 小时工作的机器人和工人的区别，无论是从准确度还是从性价比来说，智能时代将淘汰众多职业。

这一切变化，对于传统行业的从业者来说堪称“噩耗”，但对于数字游民来说，意味着最好的时代来了。

应对变化的唯一方式——学习

移动数字技术普及、人口老龄化加剧、人们生活方式变革，这一切变化都在告诉我们一个不可逆转的事实：我们的世界正在经历着翻天覆地的变化，没有人能够阻挡万物互联的趋势。今天 1 分钟我们所能得到的信息和数据量放在互联网时代之前是不可想象的，人口老龄化加剧和出生率不断下降让我们身在其中不得不面对其带来的影响，而政府服务模式从线下往线上的转移也让城市生活从传统城市建设发展向智慧城市方向进化。

在时代变革中，对于个人而言，唯一能做的就是适应变化、不断学习。就像李书玲所著的《心智成长》的核心理念：人生是来学习的，学习也是人生的意义。心智成长是应对变化的唯一方式。

随时接受变化的考验，学习能够让我们知道未来的方向在哪里，朝着目标前进。被称为亚洲成功企业家之一的李嘉诚，80 多岁还要每天晚上睡前读书学习。离开学校并不意味着停止学习，对于身处变革中的我们，学习将成为一生的事业。

成为终身学习者

数字游民身上有一个识别标签——终身学习者，他们对于未知领域的知识及未知世界都充满了好奇和热情，他们享受自身成长带来的成就感、满足感、意义感、进步感。

很多人会说：我知道要终身学习，但是知道和做到之间有一条巨大鸿沟。如果你想要在一个领域有所成就，只有始终保持学习的热情、持有深入探索的勇气才有可能。

在终身学习、成长的道路上，我们遇到困难时，如何成为狭路相逢中的勇者和胜利者？我们列举了一些采访的数字游民对于终身学习保持热情的客观理由，可能会对你有用。

第一，数字经济已经成为国民经济的重要组成部分，数字经济的特点显而易见，跨界打劫，瞬息万变。不会再有稳定的工作单位和工作岗位，身处其中的人们只有在变化中拥有利用变化来获取财富的能力，才能应对随时可能发生的裁员、失业等。

第二，中国有句老话叫“艺多不压身”，说的就是多学多练，让自己拥有更多技能，才会有更多的发展机会。尤其是在现代职场中，老板和员工之间存在着随时面临崩溃、倒闭的工作环境，没有指望的升职加薪，固化的思维模式，老板的一言堂等，一系列不可调和的矛盾，这时你可能一冲动就会选择裸辞。如果裸辞之前你有一项生活技能足够保障你的生活支出，有一个温柔的着陆点让你停下来和心灵对话，在安全和舒适中找到自我，是一件美妙和值得尝试的事。

第三，拥有可以变现的技能提前实现财务自由。实现财务自由是现代人的理想生活状态，这种理想状态的实现离不开主动学习更多的工作技能，不断强大自己。在经济活动的开源节流中，开源的能力预示着能否让你的财富正向流动。

第四，升级为父母的人给孩子更高质量的陪伴。我身边很多数字游民都是在成为父母后，面对职场和照顾孩子的两难选择，被迫让自己的工作阵地从线下转移到线上。这对于处在时代变革中的人来说，是一种十分理想的状态。当下全民生育意愿低下，无法兼顾工作和孩子是生育率下降的重要原因之一。拥有线上工作变现能力，能够自由选择工作时间和工作地点让年轻的父母获得了陪伴孩子的幸福感，提升了生育的意愿度，感受到了工作带来的成就感。

第五，一年四季像候鸟一样迁徙，欣赏不同的风景，在旅行中提升生命的体验感，在旅途中也可以不耽误工作。你可以在夏天去漠河看极光、冬天去崇礼滑雪、秋天去新疆看千年胡杨林……你可以带着你的工作去任何一个你喜欢的地方。只要有互联网和手机信号的地方就能成为你的办公室。

第六，在学习新技能的同时找到生活激情。这一点是人们选择成为数字游民的重要因素之一。一成不变的工作环境和生活像温水煮青蛙一样令人失去生活热情，变得倦怠。在工作瓶颈无法突破时失去探索的动力。这个时期去学习新的技能、拓展新的思路、去新的地方体验新的生活、结识新的朋友成了点燃生活热情的好办法。互联网时代是一个需要复合型人才的时代，单一的技能已经不能满足提升生活质量的需求。如果你想做一个博主，除了需要会创作内容文案、会排版、会拍摄、会剪辑、会表达、会营销，还要擅长分享和输出。

看到这些数字游民的学习动力，你是不是也开始跃跃欲试了？但可能试几天你就会发现，任何事情都不像看起来那么简单，算了吧、这不适合我、我不行等负面情绪就会出现。但是成年人的学习和幼儿学习不同，成年人已经有了固定的思维模式，对于学习更多的是需要提升自我认知。

面对瞬息万变的社会环境，我们需要和他人保持连接才能防止自己被时代淘汰，这种防止的能量来源于不断的学习，突破自我的固有模式，让自己变成一个终身学习的能量场。

在学习之前，最重要的是认识到过往的经验已经不足以满足日新月异的变化，如果不改变将成为禁锢自己的枷锁，在意识上明确更新自我的重要性。

在开始学习后，最大的问题是人们总想一口吃成胖子。对于终身学习来说，这是一个积累和培养的过程，就像种一颗种子，开花结果之前需要耐心地养护。

学什么比怎么学更重要。终身学习是一件长久持续的事，如果没有兴趣和热情是很难坚持的，只有知道自己喜欢什么并保持热情才能学有所得。

如果你已经开始准备做一个终身学习者，做一个数字游民，请先找到自己的热爱。

03

第三章　数字游民来了

创作者的数字游民生活

新冠肺炎疫情后，居家办公、远程办公成了上班族的日常。上半身西装领带，下半身短裤拖鞋，这种外在的分裂给人带来的更多是心理上的冲击，似乎工作和生活同时出现的状态是能够实现的。因为新冠肺炎疫情，数字游民这一族群所代表的全新的工作方式和生活方式实现了爆发式增长，形成一股浪潮扑面而来。

Wendy 就是一个数字游民，她的生活没有因新冠肺炎疫情而改变。

> 新冠肺炎疫情改变了世界，改变了人们的生活，Wendy 的生活却一如既往。
>
> 因为生育，Wendy 离职成为数字游民已经 1 年多。新冠肺炎疫情期间，除了带孩子去游泳馆的次数减少了，她的生活和工作一直按部就班。
>
> Wendy 曾是一家外企的招聘总监，负责公司技术人员的招聘培训及职业规划。她是一个效率达人，工作雷厉风行，生活井井有条，还在社交网站开通了账号，用来记录和分享自己的工作内容和生活经验，吸引了大批关注者。
>
> 孩子出生，休完产假的 Wendy 再次回到职场，却变得十分不适应。在公司牵挂家里的孩子，在家里担心公司的工作。一边忍受工作效率降低的苦恼，一边忍受着哺乳期涨奶的疼痛，尽管外企的工作环境相对较好，Wendy 最终无奈选择了离职。

生孩子前，她的事业正处于上升期，领导器重、同事信服；生活也有滋有味，家庭和谐、夫妻恩爱。生孩子后却一落千丈，既没有安排好生活，也没有安排好工作，

离职后的Wendy也曾焦虑彷徨，既放不下她热爱的工作，又放不下无比可爱的“小天使”。

两个月后，朋友推荐她加入罗科仕数字游民平台，一个专为拥有突出技能、使用互联网工作的群体服务的互联网移动平台，Wendy成了一个数字游民。

她的生活随之发生了翻天覆地的变化，晚上和孩子一同睡觉，白天孩子睡着时工作，碎片化的时间被充分利用，工作节奏可以自由掌握。Wendy整个人再次焕发出曾经的魅力，母性的柔美和职业的干练被她诠释得淋漓尽致。每天陪伴在深爱的家人身边，在宝贝的酣睡浅笑中幸福地工作，工作内容依然是她熟悉的招聘，却不再固定服务一家公司。宝贝在母爱中茁壮成长，Wendy的工作也如鱼得水。

Wendy渴望的生活回来了，热爱的工作也回来了。

生活和工作不再是分裂的两极，而是水乳交融的一体。

Wendy不是特例，千千万万的数字游民正以这样的生活和工作方式空间实践全新的互联网生态。数字游民作为互联网的“游牧”族群，他们只需要通过互联网就能完成工作沟通和结果交付。可以在任何一个有网络的空间工作，不需要一个固定的办公场所，也不需要固定的工作时间，只要有网络信号覆盖，无论何时、何地都可以办公。在哪里办公哪里就是办公室。

工作时间、地点的自由更能帮助他们提高工作效率，自主选择求职行业则可帮助他们不断试错，从而选择更适合的领域，发展成为专业领域的全能型人才，真正做到“人尽其才，人尽其用”。

相对于被迫居家办公的职场人、每年有2/3的时间都在东

北小城家中办公的李欢（化名）来说，运营两个自媒体账号、每天工作4~5小时是一种常态。与打工人盘算假期的旅行计划不同，工作之余，李欢在布拉格、曼谷、布达佩斯、华沙等城市游走。工作和旅行在无线网络的加持下，形成一种能够自我把控的和谐。李欢每到一个地方，都会深入体验当地的文化和民俗，以一种融入的态度去感受和体验，基本每个地方都会停留一个月以上，遇到需要处理的工作就在酒店、当地的联合办公空间或咖啡馆等场所处理。

而另一名女士陈晨（化名）在一次旅行中遇到了两个从事旅游定制行业的工作者，他们的职业生涯促使陈晨开始从事定制旅行行业。在整个运营过程中，她身兼数职，从旅游产品设计到自媒体运营等都由自己操作。她说这对于自己能力和学习的自律性是一个巨大挑战，不仅需要学习相关的知识，还要应对过程中的风险。但是这种以热爱为基础、工作和生活都能兼顾的状态让她的生活圈和生命状态更加开阔。

这种令人羡慕的工作方式是互联网时代给予创作者多样化选择的机会。他们从通勤、办公室、郊区租房和老板监督的状态中解脱出来，依据内心的意愿选择全新的生活方式和工作方式，依靠互联网工作、生活和娱乐。不同于往返于写字楼、贷款买房的传统生活方式需要固定的工作场所和工作时间，这些拥有高级技能和创作能力的人，更关注自身的内在需求，很少关注外界对他们的评价或被贴上应该怎么样生活的标签，有自己笃定的人生态度和价值观，对于自我内心的秩序和规则十分自信，在工作方式和生活方式的选择上遵从自己的意愿。

但是，如果你认为成为创作者就是随心所欲那就大错特错了。对于创作者来说，工作已经成为他们的一部分，不会再泾渭分明地区分生活和工作。与其说工作是收获物质保障的工具，不如说是本来如此的习惯。工作本身就是他们的热情所在，做自媒体撰稿人的李欢说，很难想象如果有一天不更新是什么样子。他们非常清晰地知道今天想要做什么或该做什么，对于时间有详细的计划，天天如此，这种自我的克制让他们的热情不是处于燃烧状态，而是一直有温度。

小说家米勒曾说：“要过有纪律的生活。”这也是大多数创作者对于自我的要求。尽管他们离开了职场，减少了耗时的通勤和面对复杂的人际关系，但是能够真正长期保有热情需要极高的纪律性。他们的工作状态处于一种胎儿的原始状态，以最舒适的姿势做自己真正喜欢的事情。他们可能每天只工作 3 小时，就已经能够满足工作需要。但是，每天连续不断、专注地沉浸在工作中 3 小时的能力是需要训练的。这种工作方式指导着他们的心智，让其在专注中体会到工作的乐趣和幸福。他们将工作安排得有条不紊，做起来毫不费力。他们更加亲近自然，喜欢简单的生活。我们都知道做到极致的简单是一件十分不容易的事情。

相对于过去以写作、艺术为主的创作者群体，互联网时代的创作者范围更加广泛。他们不仅是作家、艺术家，而且可能是招聘猎头、心理咨询师、自媒体创业者、新闻工作者、职业规划师等。互联网快捷而广泛的传播能力让他们能迅速将作品和服务传播出去，让更多的人认识、了解、喜欢、探索。这是一个创作者的时代，优质的作品或产品服务的传播力度更大，影响到的人更多。在这样的时代背景下，越来越多的创作者的潜力被激发出来。

认识数字游民

对于创作者来说，一成不变的工作形式、办公空间和阶级分明的组织模式是以温水煮青蛙的方式在消耗他们的创造力和热情。但是在今天快节奏的都市中，做什么样的工作或选择什么样的方式来实现理想生活和工作收入兼得？面对这种现实的困境，很多人都是一边在职场中煎熬，一边做着很多人都不理解的白日梦，在生存和理想之间摇摆和迷惑：

· 面对能够保证生活开销的工作和阴晴不定、拼命压榨的老板，我们究竟和真实的自我距离有多远？

· 需要创意创新的脑力劳动者，自己的劳动价值与工作幸福感相匹配的工作环境是什么样的？

· 承载着生活保障的办公室、格子间是否仍是唯一的选择？出路在哪里？

针对这些问题，数字游民给出了答案。

什么是数字游民？

数字游民是依托互联网数字平台，在移动通信基础设施建设比较完善的时代背景下，以知识和技能作为核心生产力，以数据表达产品产出，以点对点网络状的方式进行连接和交流，进行服务和实现交易的自由灵活就业的人。数字游民是传统零工经济的新形态，是人们工作和生活的新方式。

数字游民是伴随着互联网出现及网络通信、大数据、云计算、区块链、人工智能、量子科技、物联网、工业互联网等数字技术基础设施的建设发展，社会经济实现了生产方式和生产内容的变革而产生的新兴族群。他们是数字经济的自然产物，是移动互联网时代的新生力量。

随着数字技术的发展、信息的加速流通，数字游民是灵活用工时代大量高技能人才的选择。相对于固定工作的无趣，固定生活环境可能会限制人们的想象力和创造力，数字游民生活成为一种全新的生活方式。互联网的远程办公发展为践行这种生活方式的人提供了更多机会和选择。通过转换自己的工作环境，追求自由的生活态度，探索更大的世界，在探索中找到自我和归属感，是人们选择成为数字游民的关键。事实上，数字游民的工作内容并没有什么变化，对于他们而言只是换了一个地方，他们依靠自身能力拥有充足的经济来源，满怀热情专注于自己喜欢的领域，在探索中找到内心的归属，与家人和社会的连接更加紧密，创造出更大的经济价值。

数字游民的产生

首先，数字游民诞生于数字经济时代，新冠肺炎疫情催生数字游民浪潮。

自 2009 年优步在美国掀起交通行业的互联网数字革命后，全球经济受到了这股互联网浪潮的冲击。与此同时，中国的移动网络也在飞速发展，4G、5G 网络建设和覆盖速度都处于世界领先水平，党中央和国家领导人不断强调发展数字经济的重要性。中国在这样的大环境、大背景下，大量互联网企业、独角兽公司如雨后春笋般涌现。不仅腾讯、百度、阿里巴巴、京东等头部互联网企业冲入数字经济赛道，滴滴出行、美团外卖、共享单车等以灵活、共享为卖点的互联网企业也迅速崛起。

在世界互联网浪潮中的中国，互联网技术的发展和互联网创新应用迎来黄金时期。人工智能技术的发展，大数据算法、移动数字基础建设更新迭代的速度让人应接不暇。

互联网破除了体制机制障碍，让高技能人才拥有更多的创业机会、更大的施展舞台、更广的发展空间。移动互联网在技能型人才与经济发展最优匹配中起到了强有力的推动作用，让他们在国家经济发展体系中的第一资源作用得以充分发挥。

数字游民正是这股浪潮的产物，以美国为例，Upwork 与“自由职业联盟”的独立研究（《2017 年美国自由职业者研究》）显示，截至 2019 年底，有近 6000 万名美国人是数字游民，占美国劳动力的 1/3 以上。

而新冠肺炎疫情更是促进了这一趋势的爆发。

由于新冠肺炎疫情，更多的人不得不选择居家办公，这改变了传统的工作方式。

新冠肺炎疫情期间，从英国金融科技公司 Revolut、加拿大电商平台 Shopify 到德国电子产业巨头西门子、瑞典在线音乐公司 Spotify 等，许多大型跨国公司都推出了远程工作的政策。

深信这一趋势会流行起来的民宿平台 Airbnb 也改进了自己的应用程序：用户搜索住宿无须指定日期或目的地，以满足长期旅行者的需求。

随地工作（Work From Anywhere）政策广受欢迎。由国际数字游民自发组建的无国界数字游民机构 Global DNX 预计，到 2035 年，全球数字游民或采用数字游民生活方式远程办公的人将达到 10 亿人。

在我国，有 1800 万家企业在新冠肺炎疫情期间采用线上远程办公的方式，近 3 亿人居家远程办公。清华大学对此做了一项调查，调查结果显示：11.23％的人喜欢居家办公，60.79％的人喜欢将居家办公与办公室办公结合起来，种种数据显示将有大量的企业采取线上远程办公的方式。

灵活办公方式看似是新冠肺炎疫情影响下不得已的选择，事实上新冠肺炎疫情只是中国爆发远程数字办公的一个契机。

其次，国家政策战略加持。

数字游民作为灵活用工中的产物，区别于小商贩、零散用工、外卖员、出租车司机等，需要拥有更高文化水平、知识技能储备、自我管理能力、学习能力和创新能力。面对灵活用工市场的多样化，数字游民拥有更多选择机会。

中国国内各级政府和相关部门在新冠肺炎疫情后相继出台了多项政策，支持数字经济和数字游民发展。

2020 年 4 月 10 日，由国家发展改革委、中央网信办印发的《关于推进“上云用数赋智”行动　培育新经济发展实施方案》可知，国家鼓励数字游民、共享员工等灵活就业模式，以充分发挥数字经济蓄水池作用。同年 7 月 6 日，人力资源社会保障部联合国家市场监管总局、国家统计局向社会发布了包括“区块链工程技术人员”“互联网营销师”等在内的9个新职业。同年7月15日，国家发展改革委、商务部等13个部门联合发布了《关于支持新业态新模式健康发展　激活消费市场带动扩大就业的意见》，对微商、电商、网络直播等多样化的自主就业、分时就业，对“数字游民”服务平台、“共享用工”服务平台的建立均提出明确支持。

2020年7月22日的国务院常务会议上，李克强总理针对“取消灵活就业的不合理限制，引导劳动者合理有序经营”做出重要讲话。

2020年7月31日，《国务院办公厅关于支持多渠道灵活就业的意见》发布，对拓宽灵活就业发展渠道、优化自主创业环境、加大对灵活就业保障支持做出重要指示。明确新的就业方式和用工平台是劳动者就业增收的重要途径。

2020年9月30日，人力资源社会保障部发布《关于做好共享用工指导和服务的通知》，支持企业间开展共享用工，并针对共享用工期间的工资发放、工伤责任等问题给出了明确说法。

2020年10月9日，国务院召开常务会议，鼓励发展灵活就业，多措并举增加岗位。

2020年11月，国务院发布第七次大督查收集转办部分意见建议情况的通报，转办意见提出关于完善稳就业保民生政策措施的意见建议：探索建立灵活就业人员劳动保障制度。推动基层全面落实社保信息跨省共享、业务跨省通办。允许以灵活方式参加工伤保险。

各省市紧跟其后，纷纷出台关于灵活用工、共享用工、多种就业的支持政策。接连不断的政策支持和讲话鼓励将中国数字游民的发展推向高潮。

在国家共享经济、灵活就业的趋势下，中国社会的用工结构正从传统的“公司+员工”模式逐渐转变为“平台+个人”模式。越来越多的高素质人才加入数字游民的队伍，加速中国数字经济的发展进程，为中国新型数字经济腾飞贡献一分力量。

这些政策的出台，让本来缓慢发展、潜水深耕的数字游民走到台前，掀起了一场改变国民生活方式和工作方式的数字游民运动。

在数字游民得到越来越多政策保障、国家倡导共同富裕的理念下，以罗科仕为代表的规范化数字游民服务平台从原来的默默耕耘到现在搭乘时代发展的快车，将会在未来中国数字产业化、产业数字化、数字用工平台建设中蓬勃发展，并为之贡献力量。

最后，数字游民平台助力。

中国目前的 9 亿劳动力中，数字游民的数量已经接近 10%。新冠肺炎疫情期间，更是有近 3 亿人实现了居家办公。

随着中国数字经济的发展、互联网技术的普及，目前中国网民数已超过 10 亿人。数字游民的比例虽然与发达国家相比差距很大，但势头已初具规模。

许多行业巨头早已把握先机，腾讯、百度等老牌互联网企业纷纷加入对数字游民群体的业务探索，中国著名家电企业海尔集团也在布局数字游民、高素质人群轻创业系统，海尔旗下的海创汇以海纳百川之态期望会集各方面的人才和智慧，为全球创业者提供平台，海创汇聚焦的这类创业者大都属于创意、创新行业出类拔萃的人，他们将依托互联网平台实现个人智慧能力的财富变现，

罗科仕数字游民平台率先逐浪潮头，创建了集招聘、培训、职商、营销转化、直播、数据追踪、实现职业复利的数字游民社交用工平台。在抗击新冠肺炎疫情中竭尽所能。

罗科仕数字游民平台利用大数据算法、互联网数据的存储能力，根据客户和数字游民在平台交易服务过程的服务轨迹，包括服务完成周期的实效性、服务完整度、服务双方的满意度评价、是否有二次或多次合作、服务中的沟通与执行情况、思维习惯、服务类别的喜好模式等，计算出客户和数字游民服务者的匹配程度，更加有效地匹配双方资源。运用大数据技术，帮助他们获取适合自己的资源和人才的同时，通过双方服务与被服务的轨迹记录，形成他们的职业信用体系。这种职业信用体

系的建立不仅为数字游民在获取更多业务时的个人价值和信用品牌提供口碑证明，而且为企业在发展过程中的品牌宣传提供重要的支持。也许不久后，职业信用体系将作为重要一环纳入国家信用体系建设。罗科仕数字游民平台在技术能力和对数字游民群体的研究和需求分析中，不断加入人性化、人文关怀的数字模型，让工作成为幸福生活的基点，为国家共同富裕的目标出一分力，实现成人达已的初心。

这场以中国“互联网+”的发展为根基、以实现工作和生活幸福融合为目标、以解放因家庭而失去工作的女性劳动力、以释放以“4050”人员为代表的中老年人工作热情为方向的数字游民运动，以新冠肺炎疫情为契机，正在展开。

数字游民的时间自由度

罗科仕数字游民平台采访了上百名数字游民，除了能够减少通勤压力或者房租压力，时间自由度是他们选择成为数字游民的主要原因。而选择时间自由的人中大多是职场中年人和面临婚育或已经婚育的女性。

微博上曾经有一个特别火的段子：你可以往死里骂那些中年人，尤其是有车、有房、有娃的中年人。这个段子一出，中年危机浮出水面。人到中年面对上有老下有小的情况，背负车贷、房贷，即便面对并不满意的工作也不敢有丝毫懈怠。而互联网似乎是给年轻人准备的，中年人只会面临被裁员。

事实真的是这样吗？我们采访了曾任职上市公司人力资源总监的张先生。

45岁的张先生从事人力资源管理工作近20年，服务过几家不同类型的公司，从传统制造业到新兴互联网行业。随着年龄的增长，父母逐渐年老，孩子一天天长大，他发现自己因为工作错失了许多陪伴父母和孩子的时光。这个发现让张先生开始反思自己的工作，开始思考能否改变这种生活方式。

生活变成了一场匆忙的战斗，似乎还没开始就已经被时间冲击得七零八落。努力工作、勤勤恳恳却好像离生活自由越来越远，看到别人说走就走的旅行，看到他们家庭和谐，自己却在一地鸡毛中磨去了对生活的热爱。

狄更斯说："这是最好的时代，也是最坏的时代。"张先生是罗科仕数字游民平台的用户，通过与罗科仕平台的合作经验，他思考自己是否可以完全投入数字游民的行列。机会总是留给有准备的人，常年做人力资源管理工作，张先生积累了大量的人脉，形成了自己的管理思维和经验体系。经过梳理自己的人脉资源和个人技能，张先生选择做一个数字游民。利用自己的工作经验为企业提供人力资源战略规划方案，并不定期根据企业需求去企业做现场培训和指导，同时在空闲时间将自己的实践经验梳理成书。这样的工作节奏，不仅可以自己安排工作和休息时间，而且有更多时间锻炼身体，还能够陪伴父母、孩子和爱人。不时组织一家人出游，家庭关系也在陪伴中变得越来越和谐。

时间对于每个人都是公平的。你可以将它花费在通勤和办公室，也可以花费在看世界的精彩和维系家庭温暖中。我们不能延伸生命的长度，但是可以扩展生命的宽度，而生命的宽度是欣赏更多的风景、尝试不同的工作方式带来的。

谁将成为数字游民

随着数字游民的出现和盛行，很多人纷纷辞职甚至裸辞加入。自由的工作方式和说走就走的旅行对每个困于朝九晚五、通勤班车里的灵魂都有极大的吸引力。而我们在选择时，必须对自己有非常清晰的认知，对自己的能力有完整的评估，自己是否真的做好了成为数字游民的准备？选择成为数字游民之前，可以借助罗科仕相关人才能力评估系统进行测试，判断自己成为数字游民的能力储备是否充足。

数字游民要拥有一项或多项专业技能

罗科仕服务过成千上万的数字游民，能坚持做数字游民的人无一例外在各自的领域有一定的特长，能够以此作为生活保障，获得丰厚的物质回报。

美国约5000万个数字游民，他们大多是既可以独立接单又可以团队合作的作家、摄影师、程序员、编辑、设计师、生涯规划师、理财师及咨询师等技能型选手。

据罗科仕数字游民平台数据统计，中国目前的数字游民，排行前十的职业分别是技术、人力资源、销售、新媒体、策划文案、博主及行业关键意见领袖（Key Opinion Leader，KOL）、影视后期、设计、理财规划、互联网轻创业者。

随着平台的日益成熟及越来越汹涌的数字游民浪潮，数字游民的职业范围将越来越广泛。

数字游民需要长远规划能力

“这是我一辈子要做的事情吗？”

“这个职业未来5年还具有竞争力吗？”

“离开职场后，怎样才能再获得快速成长机会？”

……

数字游民的职业发展中，在解决了经济收入问题后，职业规划是数字游民要重点考虑的。

一个离开职场的自媒体创业者这样说：“成为数字游民后的第一个月收入就是职场工资的两倍，但是变得更加焦虑，担心下个月赚不到这么多钱。”

数字游民的职业特性是：在自由的同时要求一个人像一支队伍一样能力全面。但这种孤军奋战的过程会使人陷入没有方向感的焦虑，所以，成为数字游民需要有长远职业规划的能力。

数字游民需要做好时间管理，保持自律

不需要早起、不需要挤地铁、不需要西装领带束缚、脱离“996”是成为数字游民的福利。

理想很丰满，现实很骨感。原来完美的工作计划，在无人管理约束的情况下很容易陷入放飞自我的休假状态，把工作丢到一边。就像考上大学后丢掉课本一样，自律只是说说而已，完全做不到，这种状态下，人会非常容易陷入焦虑不安。

本来成为数字游民是期望随时可以出去玩，事实上被拖延耽误的工作像一直做不完一样，很少能出去。而不自律和拖延的后遗症让数字游民感觉工作时间更长了，几乎没有业余时间。

你每天会工作多长时间？怎样合理安排自己的工作？是否有高效的工具来进行自我监督？

时间管理能力和自律是数字游民必备的能力和素质。

数字游民需要健康的身体和旺盛的好奇心

穿梭于不同的城市、往来不同的国家、体验不同地区的风土人情是数字游民选择的生活方式，只有对这个世界充满好奇心的人才会去践行这种游走于世界的生活方式。不仅有看起来的潇洒和炫酷，而且充满了陌生和辛苦，需要理想和信仰来支撑。

当你去过大多数景点，会发现它们其实大同小异。这个时候对于走在路上的新鲜感消失，数字游民可能会选择某个地方停留，进行深入探索，去感受探索的乐趣。

数字游民可能会选择自己喜欢的城市作为基地，但是如果没有去过那么多地方，没有经过对比，怎么知道自己喜欢的是什么地方呢？

在世界各地游走、体验当地的饮食、适应陌生的地理环境，绝对需要一个健康的体魄来支撑。

所以数字游民保持运动，拥有健康的身体是基础条件。

数字游民要有终身学习的能力

一个人就是一支队伍，对于数字游民来说，对于能力的要求更加全面。数字游民离开职场后，自由的同时意味着失去平台的业务资源和培训资源。

对于独自工作的数字游民来说，必须要借助互联网等学习新的技能，学会解决各种问题的方法，迭代更新自己的技能。

当你选择成为数字游民后，学习提升自己完全成了自己的事情。终身学习是数字游民必须拥有的心态。

数字游民要有抗风险能力

大部分人对于数字游民的美好想象都源于能够做自己喜欢的事、花更少时间赚更多的钱。

然而相关数据显示，近一半的数字游民在辞职后的收入低于上班收入。这迫使他们不得不中断自己的数字游民生涯，重新回归职场。

这其中 30% 的数字游民虽然赚的没有以前多，但对于他们而言，做喜欢的事情及在自由中学会自律和热爱生活比高收入更加有吸引力，这促使他们选择继续做数字游民，并通过不断的学习与积累增加收入。

17% 不能维持正常生活支出的数字游民中，一半以上会考虑在 1 年内回到职场。

而数字游民中的 50% 表示有稳定收入，调研数据显示 36% 的数字游民收入超过职场收入。

所以，成为数字游民的前提需要有足够的生活保障，否则将会变成空想，引起更大的焦虑。数字游民最初的定义是通过互联网技术进行工作、完成交易，不需要固定的工作时间和工作地点的人群。随着移动互联网的全球覆盖，让面对职场中时间、空间被严重挤压的我们为“数字游民”增添了新的内涵，对自由、自主、自我的追求才是数字游民的精神内核。

自由自在：摆脱“996”“007”的束缚，就算“朝九晚五”都不必理会；全世界任何有网络的地方都可以办公。

自主自决：摆脱老板的限制，自己决定工作形式和内容，剥离“工具人”的身份。

自我实现：摆脱了早晚高峰的地铁、公交拥挤，无论是回到家乡小城还是去任何想去的地方旅居，在自由的状态体会自然和风俗人情，将我们遗失的生活里的温暖、感动、美好找回，在与身边环境的和谐相处中得到自我提升和价值实现。

成为数字游民的理想生活给了很多人憧憬和向往，那些已经在数字游民的路上有所收获的人是怎么理解这个身份的？数字游民身份背后还有许多现实问题需要思考。

· 上班制度的背后，那些没有选择逃离的人是怎么想的？

· 数字游民是否是一种更高级的工作方式？

· 数字游民在自由的同时，如何获得稳定、满意的收入？

· 数字游民真正的内涵是什么？

· 新冠肺炎疫情之后大量采用远程办公的企业，如何看待越来越多的员工变成数字游民的新型用工方式，如何权衡利弊？

· 更多有高技能、高创意的人涌入数字游民的队伍，会对我们的社会造成什么样的影响？

· 在中国实现共同富裕的国家战略背景下，数字游民在未来发展中将走向何方？

……

我们在采访了上百名曾与罗科仕数字游民平台合作过的数字游民之后，分别从过去、现在、未来的角度解读数字游民的前世今生，带大家了解数字游民真实的生活，分析未来数字游民发展的可能性。我们的采访对象中既有经验丰富的老游民，又有对数字游民概念懵懂，通过直觉做了选择的新游民；有已经到了退休年龄选择做数字游民的职场前辈，也有生育孩子后离开职场的新手妈妈；有想靠不停出走来逃离固有生活环境束缚的独行者，也有为了能陪伴家人而选择轻创业的中年人。

数字游民的生活方式正在改变着人们的生活，成为一个数字游民成了人们实现理想生活的重要途径。

WeWork 在数字游民时代转型失败

数字游民时代的到来，早在新冠肺炎疫情之前就开始了。在数字经济发展更超前的美国，对于应对未来数字游民增长的案例中，不乏巨头企业因为不懂数字游民的含义而转型失败的案例。我们站在时代的风口，如何才能把握时机为时代进步提供动力的同时实现企业发展和利润增长呢？

WeWork 作为一家商业地产公司，想要搭乘“共享经济”的顺风车，将联合办公变成一种职场社区运营。WeWork 在共享经济的发展背景下，为个体工商户和小微型创业团队提供了高效的办公场所，为他们面临的租金上涨问题给出了解决方案。为此，WeWork 也迎来了增长爆发期。

爆发式增长后的 WeWork 迅速迎来了知名投资机构和投资人的青睐，开始了全球化布局。

WeWork 想通过科技公司的包装实现自己全球化视野的野心，它雄心勃勃地开始打造自己的科技模块，提出了“打造一个办公空间，让人们畅享生活，而不只是生存”的经营理念，着重强调职场和生活之间的融合，通过满意的职场来提升工作满意度。

WeWork 的形象包装吸引了孙正义（Masayoshi Son），让他认为 WeWork 不仅是一个共享办公空间的提供者，而且是一家有巨大潜力的科技公司。于是，截至 2019 年 12 月，WeWork 累计获得日本软银 138 亿美元的投资。

事实上，尽管“技术”一词在 WeWork 的 S-1 注册表出现了上百次，并且不断强调“我们为我们的会员提供灵活的进入美丽的空间、包容的文化和充满灵感的社区的能量，所有这些都由我们广泛的技术基础设施连接起来”的理念，但就目前来看，WeWork 提供的服务只是灯光照明和 Wi-Fi。这些服务项目和传统办公物业的服务没有本质区别。

互联网科技公司低可变成本、低资本投资、客户数据、网络效应和促进扩张的生态系统的特点是其能够实现快速扩张、低成本运营和高盈利的核心因素。反观 WeWork，作为商业地产公司，其本身对于资本的要求门槛相对其他行业更高、运营费用需求量更大，但是收集到的数据相对狭窄。另外，WeWork 对于互联网移动技术的应用并没有那么广泛，例如，WeWork 北京的办公室不能承载上海的现有租户，很难实现在物理空间上的跨越。

陈春花教授在《价值共生》中对于数字化的表述能够更加清晰地看到 WeWork 在数字化升级中的问题。数字化通过“连接”实现各种技术创新、各种方式组合，是利用人工智能、移动技术、通信技术、社交、物联网、大数据、云计算等在虚拟世界中重建现实世界。[①] 所以从数字化的本质上来看，WeWork 的运营模式依旧是一种传统的商业模式，它不能在虚拟世界共享信息和资源，也不能提供更多数字游民所需要的工作内容和学习成果上的互换共享。

而 WeWork 在品牌标识——通过改变工作方式来改变人类的营销宣传上，给品牌创造无形资产的同时，也让客户对于 WeWork 的期望从传统的办公场所提供商变成对资源整合变现有更高需求的平台服务商。

从 WeWork 员工反映的工作压力很大、在公司几乎没有发言权、以销售业绩为导向的企业文化与 WeWork 自己提出的自由工作文化理念的矛盾来看，WeWork 在施行和宣传中给人呈现出虚假和浮于表面的感受。这也是 WeWork 在数字游民时代颓败的原因。

---

① 选自《价值共生》第7页“数字化的本质特征”，作者陈春花。陈春花，北京大学国家发展研究院 BiMBA 商学院院长、北京大学王宽诚讲席教授、新华都商学院理事会理事长、华南理工大学工商管理学院教授博士生导师、新加坡国立大学商学院客座教授。

在移动数字技术、通信技术、大数据、物联网连接世界的时候，在社交网络背景下，网络平台就像一个拥有大量未开发土地、能够平等分配财产、能够极为便利地获得生产资料的新国家，大量的人群涌入互联网平台各显神通。如何让新的社交网络具有向上的流动性，保证足量的数字游民中产阶级出现，是数字化平台需要考虑的问题，也是 WeWork 这样渴望在数字经济时代、数字游民群体中占据一席之地的企业的发展方向。

04

第四章　数字游民的机遇与风险

成为可以享受自由的数字游民，背后离不开整个社会的发展和体系支持。数字游民群体的盛行对于国家的数字经济发展、劳动力补充、稳定就业等方面的助力是不言而喻的，而国家数字经济的发展对于个人数字游民生活的安全感提升同样重要。

中国数字经济发展和政策透视

从《2021—2027 全球与中国 5G 的 VR 市场现状及未来发展趋势》[①]中可以清晰地看到，目前中国的 5G 网络覆盖基础建设面处于世界领先水平，中国数字技术消费者群体数量不断攀升。《中国数字经济发展白皮书（2020 年）》中的数据显示：产业数字化转型由单点应用向连续协同演进，数据集成、平台赋能成为推动产业数字化发展的关键。2019 年，我国产业数字化增加值约为 28.8 万亿元，占 GDP 的 29.0%。其中，服务业、工业、农业数字经济渗透率分别为 37.8%、19.5% 和 8.2%。产业数字化加速增长，成为国民经济发展的重要支撑力量。在数字经济飞速发展的过程中，提供数字化转型解决方案的服务平台快速兴起，工作的类别和用工量需求猛增，职业发展范围快速拓宽，无论是传统行业的信息化布局，还是互联网行业巨头转战 B 端提供数字化转型方案，大量人

① 《2021—2027 全球与中国 5G 的 VR 市场现状及未来发展趋势》来源：QYR 行业报告，原文链接 https://blog.csdn.net/m0_58954800/article/details/121220883。

才和企业涌入数字经济赛道。

在数字化转型于各个产业链间探索的过程中，以互联网技术链接的平台经济得到大力发展。传统行业利用云计算、大数据、物联网、网络安全等技术，完成智能化生产与物流建设，同时将大数据、物联网、云计算等技术应用于公路、民航、地铁、港口、铁路等传统运输业，而数字技术在抗击疫情中的表现，标志着中国的数字产业已经趋于成熟。

数字产业化和产业数字化的“两化”发展促使平台经济快速崛起。从2019年开始，中国的数字创新快速提升，短视频、移动直播的用户全景体验使中国的数字经济发生了从模仿到本土化创新的蜕变。例如，海外版抖音TikTok掀起了全球短视频浪潮，业务覆盖了150个国家和地区，支持75种语言，2020年年初成为应用收入全球第二名。

我国的平台经济在硬件建设和软件开发上，不断拓展和渗透到了更多行业，形成数字经济新业态，从传统的电子商务拓展到网络医疗、在线出行、在线教育等多个方面。现代人的生活正在被数字经济改变，随着线上购物、线上社交、线上出行等生活方式的成熟，线上服务的需求越来越大。《中国数字经济发展白皮书（2020年）》的数据显示，2018年，全国网络化协同、服务型制造和个性化定制的企业数量比例分别达到33.7%、24.7%和7.6%，成为驱动传统行业发展变革的重要动力。特别是“5G +”工业互联网，利用云计算、边缘计算、大数据、人工智能、AR/VR等新技术有力推动传统行业全面数字化、网络化和智能化。

随着技术的发展，带动了中国全产业链创新热情，不仅形成了“大企业顶天立地，小企业铺天盖地”的全国创业格局，而且加速了像海尔集团等企业业务的组织管理模式变革、内部创新活力提升，同时使整个消费市场的运营模式实现了创新，转变为以消费者为导向的新型经营思路。

自2015年提出“国家大数据战略”以来，推进数字经济发展和数字化转型的政策不断深化和落地，2019年11月，在河北省（雄安新区）、浙江省、福建省、广东省、重庆市、四川省等启动建设国家数字经济创新发展试验区，2020 年 4 月，国家明确将数据作为一种新型生产要素写入政策文件。

2020 年 7 月，国家发展改革委等 13 个部门联合发布《关于支持新业态新模式健康发展 激活消费市场带动扩大就业的意见》，旨在支持新业态新模式健康发展，激活消费市场带动扩大就业，打造数字经济新优势。①

面对数字经济展现出的巨大力量、国家政策对于数字经济发展的支持，“互联网 +”已成为全产业链发展的方向。从数字经济贡献的 GDP 事实证明，未来企业的发展必然离不开数字化转型。

企业的数字化转型不是口号，除了产业内容、管理结构等方面，最重要的还是用工方式的革新。直播、房地产、线上教育、保险、医疗大健康等，无论是传统行业还是新兴产业，都面临着用工方式的革新。而数字经济时代，人才对于职业的需求最重要的是两个方面——灵活与自由。

罗科仕在灵活就业人员的调研中得出：从 2019 年开始，灵活就业、远程办公的从业者比例保持 63.6% 的增速，以临时项目合作组的形式进行业务承接的团体增长了 42.7%，以数字游民平台为主要就业形式的从业者占比 22.2%。这种灵活自由的就业形式发展既能让企业降低用工成本，又能满足劳动者的需求，企业大量选择灵活模式用工逐渐成为趋势。

中国数字游民的机遇

中国数字游民的发展在国家移动数字技术基础设施建设的普及和政策鼓励下，迎来了发展契机。在中国由制造大国向创造大国转变的过程中，数字游民的出现与发展成为时代的必然产物。

---

① 摘自《2021—2026 年中国数字经济行业市场前瞻与投资规划分析报告》。

人才将成为最核心的生产要素

21 世纪的竞争是人才的竞争。中国“十四五”规划中明确提出，未来中国经济将由数量向质量方向升级，这种国家经济结构的升级对人力资源提出了更高的要求，也赋予了更重要的历史使命。在国家经济进入全球化布局后，未来经济的核心是知识和创新。这种新经济形势对人才提出了新的要求，要具有创新能力和终身学习能力。

在过去的工业经济时代，最重要的生产要素是资金。只要有足够的资金去购买土地、工厂，雇用更多工人，不断扩大生产规模就能带来巨大的利润。而这样的企业培养出的一大批职业经理人是那个时代的精英，他们利用自己的专业知识获得丰厚的报酬，实现自身价值。

然而，时代抛弃你的时候是不会打招呼的，在互联网时代，人才将成为核心生产要素，人才创造的价值远超过资金。

美国的硅谷是世界聚光灯照射的地方，那些充满激情和活力的科技企业使老牌全球 500 强公司黯然失色。工程师和设计师被谷歌和苹果的成功带到前台，个体的价值体现前所未有。

当世界的一切由互联网点对点连接在一起后，交易效率被提高，交易方式被简化，未来的价值创造者将是能够产出高品质内容和提供真正有需求的产品及服务的人。

这是一个人人都是自媒体的时代

过去人们通过电视、报纸或大型门户网站等获取信息，这些信息和内容由专门的团队去采集创作。新浪微博、微信公众号、抖音等新媒体的出现，传统内容和信息的生产和传播方式被冲击。

现在，几乎每个人都可以通过微博或微信公众号来发表或传播言论和观点，新媒体赋予大众创作内容的平台。据腾讯统计，目前注册的微信公众号就达到了 800 万个。新媒体的出现促使了媒体去中心化。这种变化降低了内容创作和传播的门槛，为普通人表达自我、吸引他人关注提供了机会。生产垂直内容的小众媒体有了生存空间，人们也获得了更加丰富多元的内容。

在媒体去中心化不可逆转的时代，许多新媒体生产的内容既不专业也不严谨，信息泛滥而分散，经不起考验。在这样的环境下，优质原创内容显得更加珍贵，随着大众需求不断增加，未来将会大浪淘沙，给那些拥有原创能力，能够严格把握内容质量的自媒体人脱颖而出的机会。

知识与技能成为直接消费品

2012 年年底，中国互联网出现了一个现象级的产品，一档叫“罗辑思维”的脱口秀节目。其一经上线就获得了广大网民的热捧，不仅成功打造了知识社群概念，而且把知识变成了大众消费品。整个社会对于知识的渴望和崇拜使逻辑思维在两年后推出了一款名为“得到”的手机应用软件，使大量的知识拥有者成为知识生产商，让他们的知识帮助别人的同时成为自己谋生的方式。

从“得到”的知识付费到果壳网推出的“在行”，网民花费几百甚至上千元通过“在行”找到各行各业的精英取经，这种愿意为有价值的知识和经验付费的情况在过去是不可想象的。

随着中国知识产权保护的不断规范，知识服务行业将会成为未来知识型数字游民和自由职业者的优选。

共享经济流行，中国服务业经济在 2015 年比例超过 50%

2015 年，共享经济流行，中国服务业经济比例超过 50%，直追发达国家经济结构。[①] 新冠肺炎疫情暴发后，中国数字技术的发展和全民经济的恢复能力充分证明了中国服务业经济的良好发展。服务业与工业相比，最大的区别在于它交换的是个人技能、知识和时间，不涉及生产，

① 摘自《中国共享经济发展年度报告（2019）》。

不存在较长产业链，更不需要大规模的合作。与工业相比，服务业中的个人就能成为独立服务商。以教育、健康娱乐、文化、艺术、旅游为代表的服务业将会在未来吸引大量的人才加入。

在共享经济领域，不得不提率先突围的美国的空房出租网站 Airbnb 和打车软件 Uber。2009 年，Uber 以一个颠覆者的角色在交通领域掀起了一场革命，而在住宿业异军突起的 Airbnb 不仅突破了传统酒店行业淡旺季收入不平衡的困局，而且形成了一种新的旅行文化。

Uber 和 Airbnb 的成功引领了共享经济的流行。共享经济的本质是通过整合线下的闲散物品或服务者，让他们在特定的时间通过让渡物品的使用权或提供服务来获得一定的金钱回报。共享经济正在成为影响全球发展的新力量，而共享的内容也从闲置空间和物品延伸到闲置的时间和技能。

未来“人人服务人人”的世界

过去，教练、摄影师、插画师、设计师、心理咨询师、职业规划师、影视剪辑师、猎头、理财规划师等虽然能独立提供服务，但因为缺乏有效的营销渠道，他们向终端消费者提供服务只能依赖机构间接进行。而移动互联网的普及、共享经济和自媒体的流行打破了劳动者对商业组织的依附局面。他们通过开通微信公众号、微博、QQ 及使用各种灵活用工平台找到了自己的客户群体。

这些拥有一技之长的人在各种垂直平台获得额外收入，很多人通过共享平台，成功地将自己的爱好和兴趣变成了事业。工业时代人们对进入大企业朝九晚五的工作的职业期待，在互联网时代发生了转变。

根据预测，未来 20 年，世界将有一半劳动力成为灵活用工人员和数字游民，朝九晚五的人将成为少数。回归商业的本质，如果绕开机构和中介能彼此提供更加个性化的商品和服务，未来将会成为一个“人人服务人人”的世界。

中国数字游民的天然发展土壤

中国有几千年的历史，中国人擅长学习又极具浪漫情怀。相对于西方文化的大开大合，中国人更加注重家庭和周围关系的和谐，这一点，在中国人对抗新冠肺炎疫情时的全民一心可见一斑。所以，能兼顾事业和家庭的工作方式会成为中国人未来就业的首选。

新冠肺炎疫情后期，很多通过远程办公的人员选择不再回到企业，不再做一份固定岗位的工作。他们有了更多可以自由支配的时间，通过自身能力调动周围资源，改进了自己的收入结构，实现了收入的倍数增长，用更多时间陪伴家人、和朋友聊天，对生活更加投入，生活满意度和幸福感得到提升。区别于上班的状态，他们以更加饱满的热情专注于自己想做的事情。

实际上，这种数字游民的工作方式对我们的影响才刚刚开始。10 年前，大多数人希望有一份稳定的工作能一直干到退休，或为了保持职业生涯完整克制自己跳槽的想法。已经工作的“90 后”和即将步入职场的“00 后”面对的是一个完全不同的工作环境，互联网时代的世界每时每刻都在发生变化，稳定工作的机会少之又少。在互联网环境中长大的他们，并不期待在一份固定的工作中获得安全感，他们极具冒险精神和创造力，在互联网的加持下，他们的职业生涯将变得多姿多彩。

国家提出的“4050 政策”[①]中的主人公在这个现代医学和科技发达、平均寿命达到 75 岁以上的时代，退休时还正值壮年，他们拥有丰富的知识储备和经验。如果只是养花喝茶，这对他们不仅是巨大的心理落差考验，而且有英雄无用武之地的悲凉，对于社会更是宝贵知识财富传承的中断和损失。

在国家推动数字经济发展的时代，数字游民成为自由工作、幸福生活方式的实践者。这种远程工作、无办公地点限制的工作方式将为就业

① 国家鼓励“4050”灵活就业政策。

市场提供更多的职业发展机会，为以家庭为主的女性劳动力释放、老年经济的激活提供更多可能性，让我们能找到属于自己的工作方式，体验更丰富的人生。

企业雇主的远程办公选择

新冠肺炎疫情促使大量企业仓促启动远程办公的紧急预案。不只是企业端，还有已经被“996”虐到麻木的互联网人，对于突然不需要去办公室上班有点不适应。当然也有许多人感觉幸福，做完工作就可以做自己喜欢的事情。这就像是一直吃面条的人突然让他吃米饭，有些不习惯是正常的。

但仅基于新冠肺炎疫情的外因来判断远程办公是否比传统工作制度更具优越性和必要性是不客观的。那么远程办公对于企业来说，好和不好的判断更为直接的应该是成本数据和利润数据。对于当前职场人来说，大多数员工是认同和喜欢远程办公的，毕竟能够减少 2 小时或更长时间在拥堵的路上，谁愿意浪费这个时间和精力呢？能够和家人有更多相处时间，能够和自己内心对话，谁愿意“996”呢？

事实上，大多数需要一直在电脑前的工作都具备远程办公的条件。新冠肺炎疫情后，很多雇主开始摸索完整且行之有效的适合本公司或个别团队的远程办公方案。这对于企业招聘来说，除了“有竞争力的薪酬”绩效考核，远程办公也将作为一项工作福利来提升企业招聘的竞争力。

目前，远程办公最著名的案例要数美国的 Automattic 公司，它是著名的 CMS 平台 WordPress 的母公司。这个从创业之初就带有远程办公基因的公司，拥有自身独特的协作办公文化。在 Automattic 公司，员工不需要通勤，没有绩效考核，没有着装要求，没有等级分明的管理架构，也没有看不完的邮件和开不完的会。取而代之的是 Slack 和 Zoom 这样的先进的远程协作软件平台、以结果为导向的灵活考核机制和可能会发生在世界任何地方的为期一周的年会。Automattic 在全世界 62 个国家拥有近 700 名员工，说着 80 种语言，他们在线上完成所有工作和会议。Automattic 给每个员工发放“远程补助”，以便于他们在世界任意联合办公空间工作，如果员工选择在星巴克或其他咖啡厅工作，饮品会由公司买单。

放眼国内，国家经济已经转入高质量发展赛道。对于国内发展迅猛的数字化、智能化行业来说，中国“互联网 +”的创新土壤更适合这种远程办公的模式生根发芽。

相比于传统的朝九晚五的工作模式，从企业雇主的角度考虑，远程办公不仅能够帮助公司节约大量开支，更重要的是能够将人才招募的范围扩大到全球，从全球人才库中找到优秀和适合的员工。

对于目前主流的企业管理模式，更多是来源于哈佛商学院、沃顿等 20 世纪财阀主导创立的商学院，整个管理体系主要服务于工业时代的制造业、银行业、基础建设等传统行业。这些行业所涉及的工作多属重复性劳动，适用于以职业经理人为中心的阶梯式管理，将工作分解后让劳动者充当螺丝钉角色。这种管理制度对于互联网已经链接世界的当下所需的大量创造者（程序员、写作者、设计师、新媒体从业者等）而言，没有节制的加班、几乎为零的带薪假期和艰难的通勤已经成为扼杀他们创造力和效率的刽子手。

地理位置在互联网、云计算、VR 及 AR 等技术的普及下，已经不再是工作中的重要因素。中国的企业雇主发现，上班开小差的现象并不会因为在自己眼皮底下就能避免。据罗科仕平台对大量企业雇主的调研，67% 的企业，尤其是文创类、互联网类企业正在打造自己的远程办公管理系统，这种管理模式的变革让企业在数字时代的浪潮中立于不败之地。

2018年，ANDCO[①]和Remote Year[②]联合发布了一份远程办公调查报告*The Anywhere Office*，其是针对全球4000名远程工作者、数字游民、互联网自由职业者进行的调研。23%的受访者就职于100%远程的公司，这说明越来越多的企业发现远程办公的优越性，而远程办公也在从个人选择转变为公司选择。

数字游民的选择

选择一份职业，背后的深层含义是选择一种生活方式。在*The Anywhere Office*中，我们看到远程工作的数字游民并没有因为无人看管而消极怠工，而是在自由自主的状态下更容易沉浸工作，从而超量完成。

无论是从*The Anywhere Office*报告中还是罗科仕的平台调研数据中，大量的数据告诉我们，大部分选择成为数字游民的人并不是单纯为了有时间旅游和玩耍，他们大多从事创意类、创造类、高技能类工作，需要更多的思考空间和选择。

数字游民区别于房屋中介、外卖员、快递员等灵活用工，数字游民对于工作的选项主要集中在创意类、创造类和专业技能类，这些行业对于从业者的文化水平、专业度、学习能力、整合能力、创意性的要求更高。

在传统工作模式下，这类创意创造工作者会由于通勤、年龄、家庭负担等的限制和制约，致使创作灵感和创造热情降低，由此失去创作的灵感和热情。在数字经济迅猛发展和数字技术的普及下，创作者工作的平台和选择的范围不断拓展。数字技术打破了传统模式下的年龄、性

① ANDCO是一家来自纽约的专注于为自由职业者提供辅助工具的初创公司，被自由职业接单平台Fiverr全资收购，除了提供各种方便自由职业者的使用工具，ANDCO也是互联网上最为活跃的有关远程办公与数字游民内容的提供者。

② Remote Year是为数字游民提供打包式远程联合办公体验（Coworkation）的初创公司。

别、地理位置和时间限制，正如美国研究机构 Gartner[①] 所言，人工智能淘汰了 180 万个工作岗位，又创造了 230 万个工作岗位。这些新岗位对于人的技能要求更高，对于艺术的感知力和沟通能力的要求比传统岗位的要求高一倍。

这对于面临退休依然精力充沛的“银发族”、因为生育而回归家庭的妈妈、热爱自由想要逃离格子间的年轻人来说，数字经济时代的数字游民成了优选项。

适合自己的数字游民选项

罗科仕数字游民平台经常会收到这样的留言：

- 自己的工作不具备数字游民属性怎样转行？
- 怎么评估自己是否具备成为数字游民的条件？
- 数字游民生活是否完全自由？

……

数字游民这个群体的定义是动态的，不同的人有不同的看法。但是无论哪种定义方式，除了固有印象中的赚钱和旅游，数字游民背后的本质是一种对生活品质和自由度的追求。成为数字游民意味着你将彻底告别浪费时间的通勤；意味着你将可以慢下来用脚丈量地球；意味着你可以轻松实现地理套利，让自己赚到的钱更值钱，逃离拥挤昂贵的一线城市，去那些风景优美、气候宜人、性价比更高的城市居住；意味着你可以有更多时间陪伴家人和朋友，做自己真正感兴趣的事情。

基于数字游民的特点和你现在工作的实际情况，考察自己目前是否适合成为一名数字游民。只要你拥有一技之长或掌握一定量的不对称信息，能够为他人在网络上提供有偿服务，你就具备成为数字游民的基础条件。例如，文案、设计、翻译、编程等适合线上交付的工作，或是签

① Gartner 公司成立于 1979 年，它是世界第一家信息技术研究和分析公司。

证、法务、保险、理财等需要专业知识、线下资源的工作。

对于想成为数字游民的人来说，最稳妥的方式是从远程办公开始。而远程办公对于国内的很多企业来说，早已在实践中实现远程协作办公，例如，初创型的小微企业，它们通常不会设置独立的法务、财务、人力资源部门，而是将这些业务外包给代理公司，这从远程协作的意义上已经属于事实上的远程办公了。而大公司，尤其是跨国企业的员工，他们每天在电脑前发邮件、发消息，对接全球业务，跨时区的电话或视频会议更是频繁，这已经是在践行远程办公了。还有那些带电脑回家的加班，如果能够带电脑回家做，为什么不能一直在家做呢？

范晴（化名）是一家影视公司的行政经理，负责公司资质办理、物料采购、会议安排等，工作内容重要又琐碎，大多数时间都是在线上协调、对接各方关系，安排事情。公司距离住处需要换乘3趟地铁，有时候会因为在路上发消息或打电话坐过站或错过车，就算在家也常常在发消息处理工作。

后来父亲生病住院，作为独生子女的她不得不陪护。而在医院陪护过程中，她虽然请了假，但工作并没有停下，大量的工作对接仍然在继续，而很多对接人根本不知道她请假。

父亲出院后，范晴向公司提出了远程办公的想法，并主动要求降低自己的薪资。老板本着试一试的态度同意了范晴的远程办公要求，解除固定劳动合同并重新签订合作协议。范晴的工作并没有什么变化，但却终结了每天往返近4小时的通勤时间。

她算了一笔账，尽管工资降低了1/4，失去了公司缴纳的五险一金。但是每天节省4小时的通勤时间、交通费用，每天在家做饭不仅可以吃得更健康可口，还省下了在外就餐的费用。节约的时间可以学习新知识、做自己感兴趣的事情，同时能够陪伴父母，随时关注他们的健康状况，做到提前预防，也会减少患大病住院的次数。

远程办公成了范晴改变生活状态的契机，整个人都变得不一样了。

对于公司来说，从范晴开始远程办公后，公司的行政工作并没有受到影响，还节约了一笔人工成本，减少了办公耗材的消耗。同时，影视制作行业的大量工作都可以从线上沟通和交付，老板得到启发，将后期剪辑团队和编导团队全部改为线上远程办公，除了必须要见面讨论的事情，大家平时的沟通都在线上。公司节约了大量的人工成本、固定办公成本，员工也节约了时间，减少通勤带来的时间消耗和压力，双方的合作更加融洽、高效。

所以，选择适合自己的数字游民生活可以从选择一份可以远程办公的工作开始。并不是所有的浪漫都需要冒险，成熟的数字游民是浪漫的，也是理智的，他们对于生活的品质和自由的追求往往包含着对于家庭和家人的爱与责任。

成为数字游民，可以选择的工作有很多。你可以根据自己的性格特点、擅长的领域、感兴趣的内容进行筛选。进入罗科仕数字游民平台提供的数字游民自我评价体系，你能够比较清晰地了解自己是否已经具备成为数字游民的技能，也可以尝试在平台上接单来验证自己的能力。

如果你属于创意型人才，可以选择设计类工作、编剧、写作或成为一名博主。

如果你喜欢和人交流又愿意帮助别人，可以选择成为一名语言老师、职业咨询师、心理咨询师等。

如果你是一个技术型人才，可以从事软件开发、理财顾问、保险规划、法律咨询等工作。

如果你人脉广、资源多、掌握一定信息资源差，可以进行资源整合，实现互联网轻创业。

当互联网解放了时间和空间导致的限制后，越来越多的人选择远程工作或线上工作，有 Wi-Fi 的地方就是他们的办公室。

和传统工作不同的是，数字游民可能同时会做多份不同的工作。从自己擅长的领域延伸，数字游民有更多的时间来学习和挖掘自己的潜力，他们的创造力和工作效率也是传统办公室里的数倍。

> 薇薇（化名）成为数字游民 2 年了。和在公司上班时不同，她现在做着 3 种不同的工作——影视剪辑师、自由撰稿人、开通了自己的剪辑教学课。
>
> 她每天的工作都很充实，但从来没有对自己的工作感到厌烦，并且可以随时给自己放一整天假，能够随时上路开始一段旅程。

我们在采访了大量的数字游民后，将比较常见的、可以快速进入数字游民生活的工作类别分享给想要成为数字游民的人，也许你也是数字游民，但没有被更多人发现，可以到罗科仕官方平台留言，共同探索。

自媒体

在数字游民的最佳工作清单上，成为一名 KOL 或博主是排在前面的选项。也许你已经有多年的工作经验和工作心得，有丰富的阅历，有独特的技能或任何一样做到极致的手艺，你都可以选择成为自媒体时代的博主。从互联网初期的文字博客到现在直播、短视频博主，自媒体平台的信息通道对所有人开放。无论是饮食、体育、音乐、电影、健康、技术、育儿、情感、生活片段，还是旅游、经济、理财、法律等专业分析，话题可以是任何有意义的信息。

你可以选择你的方向，找到自己真正热爱的东西，找到可以让自己成为专家的东西，然后去打磨它、锻造它。为自己创造收益的同时为他人提供帮助和引导。

在自媒体行业要想脱颖而出，一定要有自己的独特定位。这个定位需要非常具体，让人能一目了然地感受到。

目前，中国比较成功的博主李子柒，实现了内容上的突破，已经成了中国传统文化的代言人。所以在成为自媒体人的过程中，一定要找到自己真正热爱和擅长的东西，并不断去加强，在打磨的过程中实现跨越。

在做自媒体之前，要取一个响亮的名字，这个名字会成为你的标签和品牌。仍然以李子柒的名字来说，这三个字目前已经成为自媒体界的一个品牌，不断有人模仿，但目前还没有人超越，李子柒带动了自媒体古风类别的发展。

当然，创建一个自媒体账号很简单，但要把一个账号运营成功是需要时间和耐心的，就像养育一个孩子，需要付出时间、耐心和爱，等它成长。做自媒体并不会一夜暴富，它和其他工作一样需要付出足够的精力和时间，而自媒体带来的自由也需要更多的投入来实现。

除了创作优质的内容，还需要学会和人沟通互动。这就需要自媒体人具有全方位的能力和素质，相对于单一传统的工作，数字游民需要有更多技能和学习能力。

而自媒体的收益是多方面的，当你有一定的曝光量之后，你可以进行带货、教授自己擅长的知识或接广告等。如果你是一个旅游博主，还可能会接到旅游局的邀请参加新闻旅行，通过旅行获得报酬。

在线老师

从罗振宇[①]将知识作为付费项目出售后，人们对于从线上获得知识和教育的认同度不断提高。2020 年 7 月 15 日，国家发展改革委、中央网信办、教育部等 13 个部门联合发布《关于支持新业态新模式健康发展激活消费市场带动扩大就业的意见》（见图 4-1）。在经济转型和促进改

① 罗振宇——得到 App 创始人。

革创新的突破口，由教育部牵头负责大力发展融合化在线教育：

• 构建线上线下教育常态化融合发展机制，形成良性互动格局。

• 允许购买并适当使用符合条件的社会化、市场化优秀在线课程资源，探索纳入部分教育阶段的日常教学体系，并在部分学校先行先试。

• 完善在线教育知识产权保护、内容监管、市场准入等制度规范，形成高质量线上教育资源供给。

关于支持新业态新模式健康发展
激活消费市场带动扩大就业的意见

发改高技〔2020〕1157号

各省、自治区、直辖市、新疆生产建设兵团有关部门：

党中央、国务院高度重视数字经济发展，先后出台实施“互联网+”行动和大数据战略等一系列重大举措，加快数字产业化、产业数字化发展，推动经济社会数字化转型。在各方面共同努力下，数字经济助推经济发展质量变革、效率变革、动力变革，增强了我国经济创新力和竞争力。特别在抗击新冠肺炎疫情中，数字经济发挥了不可替代的积极作用，成为推动我国经济社会发展的新引擎。为落实《政府工作报告》部署，支持新业态新模式健康发展，激活消费市场带动扩大就业，打造数字经济新优势，提出如下意见。

一、总体要求

以习近平新时代中国特色社会主义思想为指导，全面贯彻党的十九大和十九届二中、三中、四中全会精神，坚持新发展理念，坚持推动高质量发展，坚持以供给侧结构性改革为主线，深入实施数字经济战略。把支持线上线下融合的新业态新模式作为经济转型和促进改革创新的重要突破口，打破传统惯性思维。从问题出发深化改革、加强制度供给，更有效发挥数字化创新对实体经济提质增效的带动作用，推动“互联网+”和大数据、平台经济等迈向新阶段。以重大项目为抓手创造新的需求，培育新的就业形态，带动多元投资，形成强大国内市场，更好地满足人民群众对美好生活的新期待，推动构建现代化经济体系，实现经济高质量发展。

图 4-1 《关于支持新业态新模式健康发展　激活消费市场带动扩大就业的意见》（节选）

资料来源：国家发展和改革委员会网站于 2020 年 7 月 15 日发布，网址：https://www.ndrc.gov.cn/xxgk/zcfb/tz/202007/t20200715_123...html?code=&state=123。

国家政策支持，市场需求旺盛，在线老师成为数字游民的热门选项。如果你精通第二、第三种语言，拥有任何突出的技能，都可以开设你的线上课程。你不需要去固定的办公室或教室上课，只需要做好上课准备，将知识分享给更多的人，就可以获得理想的收入。

作为一名资深视频剪辑师，薇薇用亲身经历证明了在线分享课是一份极好的独立工作。

只要有良好的网络环境，你就可以开始上课。而中国目前的 5G 技术发展给了在线老师更好的支持。此外，也可以和某些公司签订长期合作协议，做好自己的时间规划，就可以自由选择每天工作的时间。

在线教师需要你有将经验转化成可复制可输出的能力，它不只是一个学位或证书，而是具备不断学习和更新自己的能力。相对于在固定单位上班，线上分享课可以实现复利，开发一门好课程，收入不是一次性的。

上课之余，可以做视频剪辑、写作等工作。如果这个时候不想工作，可以到风景优美的地方闲逛。无论是作为全职工作，还是为了增加额外收入，在线教师都是一份值得尝试的工作。其也可以作为你数字游民生活前的过渡，在浪漫的自由生活中保障收入。

虚拟人力资源师

相对于营销类工作，人力资源、行政类工作在传统工作模式中上升空间有限，随着经验丰富和工作能力提升，个人发展和企业能够提供的平台匹配度降低，这导致企业不愿意选择经验丰富但是薪资要求高的求职者，而对于求职者来说，年龄超过 35 岁就很难再获得更好的工作机会了。

丰富的工作经验和人脉积累非常适合成为数字游民。无论是帮助企业做远程人力资源管理工作、为求职者提供就业辅导作为猎头招聘，还是在虚拟空间为某人或某公司提供助理服务，都是非常不错的选择。虚拟人力资源师可以执行多种任务，也可以同时服务多家公司，这取决于他们的客户群体。

拿人力资源工作中的招聘来说，招聘人员为企业提供人才支持，面对大量的人才库筛选，只能根据公司现有的招聘需求进行。在筛选过程中，有些候选人并不适合现有的岗位，但可能适合其他企业，这时对于招聘人员来说，这个资源就浪费了。如果不再固定为一家企业工作，在自己的人才库搭建时就可以根据人才类型及企业需求分类，将合适的人对接给适合的企业。这对于双方来说，不仅提升了求职和招聘的效率，也提高了他们之间的匹配度。对于招聘人员来说，所有的资源都得到了充分利用，每份简历背后都是鲜活的个体，可以为他们提供更好的工作机会以及就业辅导，工作的成就感和幸福感是与在办公室里被动工作无法相提并论的。

对于经验丰富的人力资源师来说，将自己的技能最大化变现，拥有更加自由的工作环境，成为数字游民是最好的选择。

罗科仕数字游民平台上有大量的人力资源从业者，他们同时为不同的客户提供服务，并留给自己和家人更多的时间。

平面设计师、UI 设计师、插画师等

如果你认为自己有天马行空的创意，那么成为一名平面设计师、UI 设计师或插画师是数字游民的最好选择。互联网时代，无论是公司还是个人，设计自己的标志或形象都成为不可或缺的，这意味着做一名设计类的数字游民有许多工作机会。

你不需要时时在线，可以带着画板到咖啡厅或公园等自己感觉舒适的地方工作，甚至不需要总是插电和依赖互联网。

刚开始成为数字游民设计师会遇到获客困难的情况，随着作品数量的增加和声誉的建立，就可以吸引更多的客户并获取更多报酬，最后你能够主动筛选合作对象。而成为数字游民设计师的基本要求是熟悉 Photoshop、Illustrator 和 InDesign 等软件，如果是网页设计还要知道 HTML 和 CSS，如果需要提高自己的技能，可以选择一些线上课程来自主学习。

程序员、理财规划师、保险规划师、法律顾问等

成为一名专业人士是数字游民最常见的选择。这就是你打开网页就会看到的各种理财师课程、法律课程、编程训练营等的创作者。这类工作是艰巨的，需要有大量的理论知识和实践经验，并且需要不断地学习深造，以适应最新的政策要求、技术革新。

要成为一名理财师，你必须学习如何管理财富，从最本质的内容开始，还要用通俗的语言让客户明白理财的重要性。对于数字游民理财规划师来说，能够让客户的财富增值和安全是基本要求。

很多理财规划师之前在单位做全职工作，相对于数字游民理财师少了一些灵活性。他们通过经验和人脉的积累，会形成自己的客户群体，最终建立个人品牌和知名度，让客户主动找上门，这是数字游民的高级玩家。

随着你对工作的掌控程度，会不断地遇到瓶颈，只有坚持下去才能有所突破。没有任何一份工作是容易的，对数字游民的技能工作者来说，不断扩大自己的认知范围、提升自己的技能水平是必需的。

互联网轻创业

如果你有非常丰富的人脉和资源，并且喜欢结交朋友，希望通过信息差来获取更好的收入，成为互联网轻创业者可能是数字游民的首选。

如果你对周围的环境和人都非常熟悉，知道他们的特点，能够清晰地为他们提供变现的机会，那么为他人提供服务将是数字游民的一个好选择。随着互联网的普遍应用，很多人在大量信息中失去筛选和辨别能力，需要有人为他们提供梳理后的信息并提供解决方案。对于胜任这类工作的数字游民来说，筛选和梳理信息是他们的优势。

音频 / 视频制作人

数字游民有充足的时间且自由，可以将自己的所见所闻制作成音频或视频。你只需要一部智能手机就可以完成这些工作，相对于过去的大型录制设备，现在的设备能够更快、更轻便地实现音频、视频的制作。

你可以帮公司做宣传材料或制作广告，也可以制作原创音乐来授权，还可以帮助乐队编辑他们的录音。有些数字游民可能每年有一半时间在做传统的视频录制工作，如婚礼的视频录制等，一半时间用来做自己的创意工作。

目前，在中国的bilibili网站上，有许多人的视频获得了千万流量，他们的受欢迎程度不亚于一个流量明星。如果要取得这样的成绩，需要优秀的内容创作，同时积极地宣传自己。尽管它不是一份十分轻松的工作，但相对于传统工作而言，它更具有创意，收获也更大。

当然，还有更多数字游民的职业没有列举。在选择成为数字游民的时候，你会根据什么因素选择是十分重要的。随着越来越多的人开始远程工作，许多企业也开始尝试招募数字游民。如果你能够利用电脑、电话和移动网络来完成工作，你就具备了成为数字游民的基本条件。

数字游民的核心要求

20世纪末，日立公司高管Tsugio Makimoto写了一部书《数字游民》(*Digital Nomad*)。那时他大胆预测：“未来的人类社会，高速的无线网络和强大的移动设备会打破职业和地理区域之间的界限，成千上万人会卖掉房子，去拥抱一种在依靠互联网创造收入的同时周游世界的全新生活方式，这些人通过互联网赚第一世界水平的收入，却选择生活在那些发展中国家物价水平的地方，这些人可以被称作数字游民，他们的生活方式彻底脱离了朝九晚五的时间表、办公室格子间与令人烦恼的通勤。”①

这就像科幻小说变为现实，今天的互联网技术已经让越来越多的人开始了数字游民生活，数字游民从小众概念走入主流群体视野，数字游民生活作为一种流行时尚的生活方式蓬勃发展。

数字游民生活是自由的、时尚的、浪漫的，这正是人类追求的幸福工作的模样。但是任何工作都需要我们理性看待，能够正确评估自己的

① 出自日立公司高管Tsugio Makimoto于1997年出版的《数字游民》。

驾驭能力才能真正收获到美好人生。在我们访问了大量不同职业的数字游民后，结合罗科仕平台的数据分析，总结出成熟的数字游民需要具备的一些基本素质，可以给想要成为数字游民的你一些参考，你也可以登录罗科仕数字游民平台进行专业测试，寻找数字游民工作机会，判断自己的数字游民成熟指数。

能保障收入的技能

刘蕾（化名）曾在某市电视台做了10年编导和主持人，她能够独立完成剧本写作和剧情拍摄。但是，事业单位的安稳和她喜欢闯荡的性格十分矛盾。她意识到自己的热情和创造力远比电视台的安稳更加重要，她知道自己必须要尝试不同的生活。在职期间，她开过餐厅、做过学习班，最终通过北京的一家影视公司的电影项目，利用自己的写作技能和行业经验成功转型为一名同时有3份收入的数字游民：

• 作为一个独立编剧，她和3家影视公司签订了长期合作合同，根据影视公司的拍摄项目进行剧本创作，同时为影视公司的年轻编剧提供指导，带领一个3~4人的小组进行剧本打磨和探讨。她多年积累的剧本经验在线上工作中得到了充分发挥。

• 作为一个短视频博主，她自己写作脚本并完成拍摄，根据市场的需求不断创建新的账号，快速积累粉丝后将账号出售。同时运营自己的生活账号，50多万的粉丝让她能够在直播间带货，这份收入完全能覆盖她的日常生活所需。

• 作为一个少儿主持课的老师，她帮助孩子学习台前演讲和主持的基本功。

刘蕾成为一个数字游民能够取得成功，取决于她具有多种能够线上交易的技能。从一种技能延伸发展出多项技能，是数字游民的学习和工作常态。多种技能的发展有助于我们降低风险，扩大社交圈的同时找到更多的工作机会。

有一种或多种技能来增加经济收入，在带来安全感的同时，能够为生活的多样性和平衡感带来新鲜的刺激，激发我们去探索更广阔的世界。像刘蕾这样的数字游民，他们不仅拥有多重收入保障，而且能够专注于自己喜欢的领域、深入钻研自己的特长。所以，当你计划开始数字游民生活前，要确定自己能够拥有一样出众的技能来获取生活所需费用。在基础生活得到保障的前提下延伸自己的工作范围，实现职业的多元化。

选择成为数字游民不是人生的一段短途出游，而是一场生活马拉松。在数字经济时代高歌猛进的技术变革的浪潮中，我们需要拉长时间跨度来真正理解工作、生活和学习的含义。尽管社会竞争日益激烈，但我们不应只从竞赛的角度去看人生，或者只用简单的输赢来衡量，还应重视生活的参与和与世界的链接，不断地和自己对话，挑战自己的天花板，去认识更多的伙伴一同体验人生的精彩。在人生的不同阶段，我们会发现不同阶段自己的朋友、同伴不是同一群人，小学、大学的老师也不一样，我们需要遇到不同的人，透过更多的目光来感受这个世界。

在格子间办公室的孤独是城市化和数字化洪流冲击下人类的共同感受，而人类本能的创造力基因和逐水而居的流动性需要我们去重新认识世界，拥抱周围的人。数字游民的生活就像一场马拉松，你在这个过程中不断学习新的知识和技能，无限拓展自己，给无趣的人生重新注入活力和新鲜感，在新知识的探索中获得自我价值的提升，真正践行中国那句老话：“活到老学到老。”

现代技术飞速发展，互联网赋予了工作更多的可能性，所以需要我们重新审视自己的工作和生活，厘清工作和生活的边界，有时间去思考、娱乐、陪伴家人，而不是用工作代替生活的非此即彼的极端选择。数字经济时代的世界变化充满了多样性和不确定性，如果继续延续传统的工作路径和学习路径，将无法在快速变化的世界上立足。

对于工业时代的传统就业模式而言，无论是东方还是西方，人们很难破除对于在一家公司从一而终的执念。但是未来的职业发展路径已经非常清晰地展现出随时面临可能转换职业赛道的情形。

一位 30 多岁的高速收费员说："我的青春都交给收费站了，我现在 36 岁了，啥也不会，我只会收费。"当他说"自己的青春都交给了收费站"时，没有说他的稳定工作曾经多么被人羡慕。无论是否选择成为数字游民，未来都有可能面临被迫择业的情况。数字游民群体能够快速适应时代变化，利用自己的专长，活出自己的样子。

时间管理的能力

数字游民只是一种工作形式，并不是不工作。对于刚刚跨入数字游民行列的人来说，挑战之一应该是自己的时间管理能力。

> 金小姐是一名自由撰稿人，在成为全职的自由撰稿人前，她在一家公司做品牌运营工作。这是她第二次开始自己的数字游民生活。
>
> 金小姐说："对于一个自律性不够的人来说，做数字游民前一定要正确评估自己。最重要的是有管理时间的能力。"
>
> 首先明白数字游民只是一种工作形式，并不是不工作本身。刚开始做数字游民时，如果没有时间概念，很容易陷入一种休假状态，彻底放飞自我。昏天暗地的睡觉和熬夜工作，这种时间混乱的状态是无法持续的，很快就会遭遇健康危机，自己的生活也会变得一团糟。
>
> 其次能够制订计划并严格执行。数字游民是没人监督的，在这样的情况下，只有严格执行计划，才能使数字游民的生活持续下去。

金小姐的数字游民生活遇到的问题是一个普遍问题，罗科仕数字游民平台针对时间管理会提供适用的管理工具和方法参考，作为数字游民生活的起点，和想成为数字游民的你共同探索。

对于数字游民来说，提高工作效率是对抗时间浪费最好的办法，这也是数字游民的工作和传统办公室工作的本质区别。

例如，两个人同时做一份策划案。甲员工花了 3 小时完成了，而乙员工却花了 10 小时，下班后还在工位上加班加点。如果两个人做出的内容质量相同，我们可以轻松看出谁的工作效率更高。但是对于传统公司管理者来说，他们更喜欢乙员工，他们认为乙员工更尽心尽力，事实上可能只是因为乙员工的工作效率更低。

对于数字游民而言，所有节约的时间都是自己的财富。网上有很多教授提供工作效率和管理时间的方法，但是否真的适合自己比找到方法更重要。

> 清华大学官方微博发过一条刷爆全网的清华优秀学子计划表：凌晨 1 点睡觉，清晨 6 点起床，6 点 40 开始学习。上午上课，中午 2 小时吃饭，下午 4 节课，晚上 9 点开始到凌晨 1 点才睡觉。每天学习 17 小时，只睡 5 小时。

这个学习表一出，网民一片哗然，认为自己的人生太懒散、太不自律，纷纷设定自己的计划，恨不得每分钟都不能浪费，相信只要努力就能走上人生巅峰。事实证明，许多制作分秒必争计划表的人最终心态都崩溃了。

管理时间并不是做一个计划表就能实现的事。在开始之前，可以先记录自己现在的时间使用情况。作家张佳玮曾经利用自己的半天时间做实验，用秒表来记录自己的时间，从而分析自己的时间都去哪了。后来他发现自己的半天时间基本都在刷网页、看微信、跟朋友聊天、玩游戏；花在看书和写作上的时间非常少，而在做这个实验前，他自己并没有发现真正用在工作上的时间这么少。

观察自己的时间使用情况，知道自己的时间都花在了什么地方，根据实际情况，做出自己的时间规划表。

成为一个数字游民，从开始到收入稳定、收入倍增、心智成熟，每个阶段的目标是不一样的。根据自己的实际情况制定自己的数字游民目标和方向，其他规划都应该围绕这个目标设定。在做规划前，应该先问自己三个问题：

· 我如果做一个数字游民，现阶段的生活、工作、学习重点是什么？

· 我的时间应该如何分配给这些重点事项？

· 现在的时间安排是否能够完成我设置的目标？如果不能，应该怎样调整？

只有明确了这些问题的答案，才可能将自己的时间管理好、规划好，才能真正实现数字游民的自由生活状态。

第一次做数字游民的金小姐对自由的生活感觉无拘无束又新奇，先安排了一次长途旅行，体会无人监督的自由，而没有安排工作，定好的专业学习也是“三天打鱼两天晒网”。旅行前接到的工作因为散漫完成得并不好，导致接下来的很长一段时间没有接到新工作，失去了收入来源。虽然玩得很好，但并没有获得想象中的幸福感，反而导致压力越来越大，陷入了对数字游民生活的迷茫，最终再次回到职场。

随着思考和沉淀，金小姐意识到数字游民的最初阶段应该提升自己的能力和建设个人品牌，不是想着旅游和玩耍。想清楚后的金小姐花了更多的时间在能力提升和学习积累上，为后续的数字游民生活打下了坚实的基础。

任何没有目标和方向的计划都是空中楼阁，并不能真的实现和完成。

数字经济时代的变化，注定了我们的计划也不会是一劳永逸的。正如前文提到的数字游民的不同阶段，我们的时间管理计划是需要根据实际情况进行调整的。每个阶段都有不同的重点。

就像 20 多岁的时候，没有结婚生子，父母尚且年轻，我们对于生活和工作的规划更多是放在个人成长和生活体验上；到了 30 多岁，面对将老的父母和年幼的孩子，我们需要付出更多的时间和精力照看他们；到四五十岁，我们会以更包容的眼光来看待我们的工作和生活；五六十岁的时候，在更深入的生活体验后，我们需要传递智慧，做更多有益于社会和他人的事情。当数字游民把生活看作一场马拉松后，能够更加从容地体验和感受工作和生活带来的幸福感。

这个时候，你已经知道了自己的时间要花在哪里，也根据自己的实际情况做好了计划。如何完成这个计划，决定着你是否能够将你的数字游民生活进行下去。

今日事今日毕，不要给自己找借口。你已经意识到 95% 的目标失败都是因为拖延和找借口，给自己找借口是一种非常恶劣的习惯，这个习惯会吞噬你的信心和主动性，在心理上形成惯性。当自己想要找借口的时候，可以想象如果完成了今天的计划将会出现什么样的场景，在想象计划完成后的场景中考虑下一步将做什么，你就会明白只有严格地执行计划，才能实现真正的自由。

找到事情的关键点，不要在追求完美上止步不前，有时候效率大于完美。

> 10 年前，我给一家企业做管理咨询时发现一个非常有意思的现象：有些员工没有实现目标的原因是他们过于追求完美。他们认真且敬业，旁人对他们的评价也非常好，但很多时候他们并不能及时提交工作结果。这些员工过于在意计划和执行过程的完美，只要中间遇到问题，会马上停下来，甚至会卡在那个问题上不动，很多时候那个卡住的问题并不会对整体造成什么影响，但他们无法容忍，最终的结果就是不能在计划时间内实现目标。
>
> 还有些像捡芝麻丢西瓜，抓不住重点。例如，考试的目的是取得更高的成绩，但做题做到一半发现有答不出来的问题，这时候要做的是赶快做下一题，而不是在解答不了的问题上死磕。

对于时间管理来说，这个道理同样适用。在执行计划时找到问题的关键，先完成它。

训练自己的专注力，这是时间管理中最重要的一点。人总是对于轻松的、容易获得快感的事更加感兴趣，但学习和工作的成就感是延迟满足的。所以数字游民在自我管理的过程中，保持专注是一件非常重要的事情。

例如，你在学习的过程中拿起手机刷视频或进行其他娱乐活动。拿起来时你对自己说只看 5 分钟，最后会发现半个小时不知不觉地过去了。而每次的学习和工作中断都会抑制你学习和工作的兴奋度。当你再次开始学习和工作时，需要重新调动你的神经，重启学习和工作的热情。为此，你可以将自己完全置身于图书馆、书房等环境，将手机调至静音，看自己可以完全投入多长时间。每天重复一次，不断加强自己的专注力。

在时间管理的过程中，头悬梁、锥刺股可能是我们听过的把时间用到极致的故事，但真实的效果还需要个人验证。网络上曾流行过一句话："凌晨三点的哈佛，你见过吗？"

实际上，每个人的生物钟是不一样的，要想成为一个成熟的数字游民，在时间管理上要顺应自己的节奏，这也是数字游民的初衷。

可以借助一些工具，如手机上的时间管理软件、罗科仕平台的时间管理模块等，对自己的时间利用进行复盘，从而准确高效地利用自己的时间。新东方英语老师艾力写过一本书《你一年的 8760 小时》，真正践行了一寸光阴一寸金，将无形的时间化为金币进行管理，看你的时间花到哪里了。

健康的身体和生活习惯

毛主席说过："身体是革命的本钱。"无论是在艰苦的战争时期，还是在社会主义建设时期，毛主席承受的心理压力和工作强度都相当大，但是 72 岁还能在长江游泳的毛主席，正是坚持了身体是革命的本钱，保持健康的体魄和积极乐观的心态，带领中国人民走向富强。

数字经济时代，想要在自由工作中践行生活美学的数字游民，在拥有技能和能力之前，要拥有一个健康的身体，否则，理想和奋斗只会是无根之木，不能持续。

在10年前的《柳叶刀·肿瘤学》上发表过一组国际癌症研究机构GLOBOCAN的研究数据，全球20~39岁的癌症新发病例96.5万例，其中因癌症死亡35.8万例。我们原来认为的老年人多患有的癌症类疾病成为年轻人的致命杀手。

如何做一个健康的数字游民，能够有体力去世界行走、适应不同的环境、品尝当地的美食是数字游民最应该关注的问题。

首先你需要了解你的身体健康状况。可以利用现在的智能设备随时测量和跟踪身体情况，每年定期做一次体检，了解自己的甲状腺、皮质醇、性激素及维生素等营养物质的水平并及时做出调整。在有意识地建立自己的健康数据库后，能够调整自己的工作节奏和生活状态，对于一些可以提前发现的疾病进行预防和治疗，选择能够负担高质量治疗服务的地方居住。

其次顺应四季和昼夜节律，养成良好的睡眠规律。因为我们身体的细胞拥有自己的节奏，以对我们的激素分泌和其他代谢进行调节。现代医学研究发现，很多疾病的发生与我们黑白颠倒的生活方式及缺乏健康的睡眠有关。数字游民可能经常会面临倒时差的问题，这对于健康睡眠来说是非常大的干扰。

早晨，我们可以通过做负重运动，喝加了海盐的柠檬水、咖啡，补充蛋白质等方式来加速激素分泌；晚上可以通过减少蓝光接触或服用维生素C等来降低压力激素，有意识地改善睡眠，提高自己的免疫力和脑力。

我们常常认为自己拥有世界胃，能够快速适用世界各地的饮食并喜欢它们，但主观上的想法并不能代替肠胃做决定，我们的肠胃记忆可能和幼时的饮食记忆有关。所以，即便你非常喜欢品尝当地的饮食，去许多著名的餐厅，但多吃自己做的餐食可能会更容易让你的肠胃保持健康。

我们无法保证餐厅的原材料或它们是否过量使用添加剂，而这些添加剂可能使我们常常想去光顾，但过多的不稳定因素会让我们的身体发出求救信号。带上自己喜欢的咖啡、茶叶、健康的椰子油，让肠胃享受当地美食的同时得到自己烹调的健康食物的滋养，这样可能会让你的数字游民生活更加有趣。

减少毒素进入你身体的途径是你享受数字游民生活保证健康的好方法之一。数字游民的工作和生活是同步的，所以你在努力工作的同时应该避免身体摄入更多毒素，如你需要饮用更健康的水。

在居住的环境中，不要有霉味和强烈的化学品。地毯里的灰尘、阻燃剂等污染物对于呼吸道有极大的伤害，这些污染会直接伤害人的大脑和免疫系统。如果你不得不居住在不太令人满意的环境中，尽量多去户外呼吸新鲜空气。

以所到之处为家是数字游民的特征，能够随遇而安是数字游民的基本素质。在数字游民生活中保持健康、规律的生活状态，创建可以随时开始锻炼和工作的程序。用冥想、锻炼、散步或和亲人朋友交谈等方式开启一天的工作，养成健康的数字游民生活习惯。

面对压力的能力

数字游民作为一种工作和生活方式，遇到的压力和困难虽然不同于职场，但会有新的压力产生。抗压能力是数字游民的必备能力。

数字游民一般是带着自己的行李箱行进在路上的人，相对于工作需要而出发的旅行，数字游民的旅途更加主动，他们是带着灵魂上路的人，所以旅行的冒险性和复杂程度都更甚于商业旅行或度假。美国杰克·凯鲁亚克写的《在路上》，对于数字游民的旅途有更深入的描述，数字游民会面对更多旅途的无常。

当我们和数字游民谈论这种自由生活所面临的压力时，对于想要成为数字游民的你可以借鉴，思考如果你面对这样的压力会如何应对。

• 乔治·吴（George Wu，化名），软件编程，美食博主

现居住地：加拿大

面临的压力：生活和工作混在一起

吴曾服务于一家互联网公司，后来辞职做了一个数字游民，帮助有需要的公司开发自己的网站和小程序，在抖音和Twitter上分享自己的旅行和当地的美食。他告诉我做数字游民最大的感受就是分离自己的工作和生活，不要认为随时可以做点工作。作为数字游民，刚开始很容易陷入随时随地想着工作的状态，将生活搅乱，反而失去了做数字游民是为了平衡工作和生活的初心，陷入更大的压力和焦虑。吴解决这个问题的办法是像上班时一样给自己规定工作时间，其他时间不再查阅电子邮件或回复信息，会使用Airmail、Fantastical、Harvest等工具来帮助自己提高工作效率。

• 陆行（化名），视频剪辑师、摄影师

现居住地：东北三线城市

面临的压力：意外导致失信于客户

对于陆行来说，能够为客户提供靠谱的工作成果是非常重要的。当你离开办公室，无论是在旅途中还是在咖啡厅，都可能会遇到航班延误、发生水灾、无法上网等突发状况，这些非人力可控的因素虽然是偶然的，但无法避免。可是作为一个需要提供工作成果的服务者来说，这并不能成为你失信于客户、无法交付产品和服务的理由。为了保证及时为客户提供服务，也为了能够安心地享受自己的美好时光，制订灵活的计划和自我问责就变得十分必要。作为一个成熟的数字游民，自我诚

信应该成为一种信念，否则将会毁掉整个旅途甚至数字游民的生活。

• 九月（化名），民宿老板娘、理财顾问

现居住地：云南大理

面临的压力：孤独和失去意义

九月刚开始成为数字游民时会感到旅途的孤独。后来，在去了全球多个国家和地区后，她在云南大理开了一家民宿，这里会集了有相同生活品位的人，也会为来到大理旅居的数字游民举办一些活动。数字游民的生活越来越沉浸在自己的节奏里，失去和他人的同频，所以在为其他数字游民建立聚集平台的过程中，找到可以让其共振的点。同时，从心理层面和更多的人进行深入交流，对社会有所回馈，是保持数字游民生活状态的方式。

• 于尔文，鲜花村文化创始人

现居住地：重庆

面临的压力：友谊建立和团队意识

作为一家线上文化公司的创始人，于尔文既要四处奔波争取客户，还要处理频繁改变办公地点带来的各种麻烦，但是在这个过程中，他学到了如何建立友谊和加强团队意识。他说他对酒店的熟悉程度远超过对家的熟悉程度，在长期的旅行中很难和他人或朋友建立深层的联系和交流。周围的朋友会觉得你很神秘，你自己也觉得早晚要离开，没必要有更深入的链接。有一天，于尔文忽然发现别人对他的问候是“在哪儿呢？”而不是“你好吗？”这是基于人们对你的认识和对你的生活方式展开的，他们只想通过你去窥探另一种生活而不是关心你这个人，这会让人产生一种空虚感，从那之后，他有意避免在与人交谈中谈及数字游民这个身份，毕竟这只是一种生活方式而不是生活本身。

• 张心怡，嘉年华文化 CEO

现居住地：北京郊区

面临的压力：生活习惯的压力

张心怡最常遇到的问题就是寻找可靠且高速的 Wi-Fi，而在外面的时间常常没有现成方便的热点，不得不自己去寻找网络。与合伙人或客户通话时，“现在能听得见我说话吗？”是经常会问的问题。有时候，不同地方的客户或同事的工作时间会有很大差别，为了适应不同的时间会面临加班。分散的工作环境也会影响企业文化的打造及团队的黏合度与协调性，这需要比传统创业付出更多精力，更加慎重地和人沟通，以期建立良好的人际关系。

尽管数字游民会面临许多压力，但是 90% 成为数字游民的人都不会再选择传统的工作环境，它不仅给我们的生活带来更多的自由和灵活，而且让我们相信有一天可以实现带着家人、陪着朋友、背起行囊说走就走的充实有趣的人生。

终身学习的能力

数字游民是真正践行中国古话“活到老，学到老”的群体，他们以对新事物的无畏的探索和不懈的追求将自己锻造成为数字经济时代的终身学习者。

管理哲学家查尔斯·汉迪在他的《成长第二曲线》中说道：“无论你喜欢与否，科技都会改变我们的生活，即使你想躲避也无济于事。然而，我在自己的生活中亲身经历了巨大的技术变化，从中得到的一个信息是，我们将会从容应对这些变化。今天看来不可思议的事情总有一天会变得司空见惯。即使是我外祖父时代的灯塔看守人，也会像我和我们所有人一样能够应对变化。”

央视主持人张泉灵曾做过一个演讲：“时代抛弃你的时候，连一声再见也不会说。”人工智能、大数据、移动互联网、无人驾驶汽车，科技以前所未有的速度改变着我们的生活，正如意大利作家兰佩杜萨的小说《豹》中唐克雷迪对他的叔叔说：“为了保持不变，一切都将改变。”如果你不能理解并追上这种变化，你可能会被时代抛弃而不自知。

所以，未来是属于终身学习者的。而对于终身学习者的定义，我们可以借鉴《把时间当作朋友》的作者李笑来的观点：“每个人的大脑是一套操作系统，我们应该定期地给它升级，7 年就应该完全更新一次，相当于过了一辈子。”终身学习者是能够不断完善、更新自己的操作系统的人。在这个过程中，终身学习者将成为掌握最有价值的信息的人。

如何成为一个终身学习者，面对 7 年就会有一次重生机会的人生，我们如何才能把握时机是成长的必修课。

具备敢于尝试的勇气，同时做到及时止损。我曾经在买车的时候，问过客户经理一个问题：“好车和普通车最大的不同是什么？”他给出的答案至今都令我记忆犹新，后来发现这个道理适用于人生。客户经理说：“好车最大的优势并不是大家理解的起步快，当然这是它的优势之一，但最重要的是它的刹车制动系统，遇到紧急情况能够快速制动。”对于数字游民的终身学习来说，尝试不同的领域后，能够快速停止和放弃不适合自己的项目是终身学习者应具备的能力之一。

另外，把现有的事情做好是一切好的开始。我们重视兴趣的力量，但是把眼前现有的事情做好是一种能力。就像上学的时候，你会发现你喜欢的学科成绩都很好，而不喜欢的学科成绩很差，但这个理解很可能是相反的，可能首先是因为你学的好，所以才会更加有兴趣深入学习，而学得不好才会失去兴趣。

所以，兴趣是通过不断地做好从而得到正向反馈而积累加深的，并不是先有兴趣才会学好的。事实上，任何一项学习在深入后都会遭遇枯燥和乏味，只有当你跨过枯燥乏味的阶段，才能真正领略它的美好。

终身学习者可能并不是绝顶聪明的人，他们甚至会花费大量的时间下笨功夫，但不会轻言放弃。清代理学大家太常寺卿唐鉴曾送给曾国藩一句话，在以后的人生中，曾国藩都将这句话当作座右铭：“不为圣贤，便为禽兽；莫问收获，但问耕耘。”这句话经过岁月沉淀，越发显现出它的实用和厚重，在这里送给数字游民时代的终身学习者，希望所有的数字游民在学习中保持豁达的心境，长久地耕耘和积累。

在行走中、在人群中增长见识。古人云：“读万卷书不如行万里路，行万里路不如阅人无数。”这正是当代数字游民的生活写照。因为互联网技术的发展，数字游民有更多的时间在行走中和这个世界产生链接、和优秀的人一起共事、和不同的文化产生碰撞。

处理自己和周围关系的能力

对于数字游民来说，会面临两种截然不同的社会关系。

虽然越来越多的人开始加入数字游民的群体，欧美等对于数字游民的践行也越来越成熟，但对于中华民族传统文化基因里固有的重感情和重视熟人关系的特质来说，数字游民的生活方式会导致其身边朋友和家人的不解。

你会如何向他们解释你的数字游民生活，成为中国数字游民群体遇到的比较普遍的问题。我们的父辈更愿意我们做一份稳定的工作，而不是一种一直在路上、没有固定薪酬的工作。这时候，你可以选择我行我素不予理会，但选择和他们沟通则是数字游民处理周围人际关系的能力体现，也是对自己价值认同的一次梳理。

另外，随着离开熟悉的、固定的工作环境，数字游民会不断地去新的地方、认识新的朋友，在不断发展的新关系里，如何展示自我及建立友谊是数字游民需要解决的问题之一。如何在数字游民的生活中摆脱孤独感，林先生和夏小姐的数字游民生活体验可以为大家提供参考。

林先生和夏小姐是一对情侣，在两年多的数字游民生活中，他们发现彼此之间越来越默契。在去了不同城市旅居后，他们来到了夏小姐的老家海南，这是一座美丽的海岛，也是目前中国数字游民最喜欢旅居的地方。

海南物产丰富、物价很低，相比于他们的收入，日常消费几乎可以忽略不计。最重要的是，海南是夏小姐的老家，她和林先生住在父母家附近，不仅可以陪伴照顾他们，还可以让他们了解自己的工作。

数字游民的生活方式让他们可以在家乡待更久的时间。工作之余，他们会教附近学校的孩子乐器和英语，让孩子们了解更多外面的世界，为他们打开了一扇认识外面世界的窗。

夏小姐认为，这是数字游民生活特别有意义的地方。走过更多的地方、见识了更广阔的世界后，他们对于回馈社会和帮助他人的意愿比在办公室上班时更强，在自由中审视自己和周围的关系，尽自己所能为周围的环境和人做力所能及的事情。

数字游民的生活是一种对生活品质和自由的追求，最后在自我发现中找到能够回馈社会的力量，这是一件十分美好的事情。

数字游民的商业模式

打造个人品牌，提供独特价值

数字游民只是一种工作方式，并不意味着可以不工作，也不意味着可以“三天打鱼两天晒网”地工作，更不是将自己陷入青黄不接的生活状态。

前文说过，成为数字游民需要自己有一技之长。而要做好数字游民，就需要深入挖掘自己的特长并在垂直领域展示自己的成绩，让更多的人能够看到你、认识你。初始阶段，和传统方式找工作一样，也会四处碰壁或工资收入较低。正如凡·高说过的一句话：“我越来越相信，创造美好的代价是努力、失望及毅力。首先是疼痛，然后才是欢乐。”

这句话是数字游民在创建自己个人品牌时的真实写照，任何一个数字游民都会经历这个阶段，当你的作品越来越多、越来越好，客户资源越来越丰富后，无论是话语权还是经济收入都会得到提高。伴随着数字游民运动的火热，针对数字游民工作和学习的平台也纷纷涌现，如Upwork、Guru、Freelancer等，国内以罗科仕为代表的数字游民平台也在崛起。

移动互联网的发展和国家“大众创新，万众创业”的政策鼓舞，为更多具有互联网创客理念的数字游民提供了极好的机会。不同于那些追求创造估值独角兽的O2O观点，数字游民通过极简创业的理念创造小而美的付费性质产品或服务，能够快速更新迭代，让它成为自己收入来源的一部分，这成为数字游民过渡阶段的好方法，尤其对拥有独特技能的程序员、产品经理、理财咨询师、语言老师等来说。

> 数字游民创客的成功案例中，有一位来自荷兰的小伙Pieter Levels，他在数字游民的旅途中打造了12个创业项目，http://Nomadlist.com网站作为其中最成功的一个项目为他带来了每月3万美元的稳定收入。而这个网站最初只是在谷歌云上来分享表格文件。Pieter没有投资一分钱，没有投广告，更没有雇用员工，所有的成本只有Linode上服务器的租金。

对于极具创造力的设计师、作者、摄影师、音乐从业者等来说，小到你谱写的一段曲子、公众号上的一篇文章、知乎上的一个答案、手机上拍摄的照片，大到你取得的一个科学发明专利、一本原创书稿，都可以成为你作为数字游民创收的知识产权（Intellectual Property，IP）。

中国近年来的IP大电影、电视剧的火热发展，使IP这个由来已久的概念变得无人不知、无人不晓。中国知识产权保护法律法规的完善也为数字经济时代的数字游民提供了巨大的安全支持。你可以通过商业图库来售卖自己的照片或设计，也可以在Etsy上出售自己制作的模板文件。

这些都是网络时代 IP 变现的方式，只要你的内容得到认可，就可以获得收益。

另一种慢热的反直觉数字游民创业内容就是内容创业。移动互联网的发展让我们的生活只需要一部手机就可以了解几乎所有的信息，这在 20 年前只有广播、电视、报纸时期是难以想象的，甚至互联网发展初期以门户网站为主的新闻传播方式今天也被淘汰了。我们现在依靠自媒体和社交媒体来获取信息，这使我们能够更快地获取信息和发表言论。微信公众号、微博、直播、短视频等平台的发展，让数字游民的内容创业有了更多平台。

相对于直接提供产品和服务，自媒体的内容变现需要更长的时间。免费的内容主要依靠粉丝获取和流量积累，获得 KOL 地位后，依靠粉丝打赏、流量广告、推广分成等方式获得收入。但是相对于技能和知识的直接回报，内容的回报最终会变成被动收入，即好内容会一直有收入，而个人品牌的建立也会持续吸引流量。这一切的前提是需要数字游民能够提供优质的内容，建立自己的个人品牌。

2017 年新榜大会上，知名内容创业者李笑来在“知识就是金钱，时间就是力量”的演讲中提出了“泛教育”概念。相对于传统教育的不全面，互联网的广泛传播特性为知识输出打造了一个平台。现在非常火热的一类博主叫知识博主，他们分享自己读的书、对于事物的看法等，以此获得流量，与此同时，各类知识分享平台也雨后春笋般出现了。例如，国内的今日头条、悟空问答、知乎 Live、分答等，国外的 http：//21.co、Udemy 等。

孔子曰：“三人行，必有我师焉。”对于数字游民而言，本身就有一技之长，将自己的长板加长，并打造为可分享的知识体系，是数字游民个人品牌建立中最容易实现主动收入的领域。

关于内容创业，Ramit Sethi 提出过“The 98% ”商业模式。The 98% 即你所传递的知识分享中的 98% 都应该免费分享给关注你的人，剩下 2% 的精品或高价值内容留给你的“铁杆粉丝”以获得双方的良性互动。

知乎上的“盐选会员”即通过付费获得自己想要关注的高质量内容群体，这种实现变现的方式也是由凯文·凯利提出的1000个铁杆粉理论的实践证明，任何坚持原创、传递正能量和有效价值的内容创作都可以只用“1000个铁杆粉丝”养家糊口。

去哪里找到需要你的人和你喜欢的工作

前文我们说过，做数字游民最稳妥的方式是从现有工作的远程办公开始。如果暂时没有远程办公的条件，相对于个人品牌建设和内容创业这类周期和过程相对较长的数字游民变现方式，去找一份可以远程办公的工作来保障生活所需是更加实用的方案。

随着移动互联网、大数据等技术的发展，许多为数字游民提供工作机会的平台也不断涌现。相对于国外种类较多的平台，国内的数字游民平台大多是一些个人社群或论坛。提供的信息纷杂，缺少筛选和验证机制，不时会遇到虚假信息，而对于创意类的工作可能会发生创意窃取情况，这是数字游民在寻找工作机会的过程中常常会遇到的问题。如何找到正规的数字游民平台、找到适合自己的项目是每个数字游民必须要经历的考验。

> 北京姑娘小杨是个性格爽朗的瑜伽老师，现在和几个瑜伽教室合作开展瑜伽游学的项目。虽然她的瑜伽没有达到瑜伽大师的水平，但她英语很好，并且擅长营养搭配。这种多维度的技能组合让她给合作方留下了深刻的印象，每次合作都几乎是一拍即合。
>
> 你很难确定哪个技能能够让你在找工作的过程中取胜，所以艺多不压身是有道理的。

如果你想找到一份满意的数字游民线上工作，罗科仕平台的App是不错的选择，它是经过数十万用户实践和推荐的数字游民服务平台（见图4-2）。

图 4-2　罗科仕科技（北京）股份有限公司旗下 App 的服务页面截图

如果你想选择覆盖地区更广泛的工作，覆盖了全球 60 多个国家和地区的 Indeed Worldwide、Jooble、CareerJet[①] 可以作为你的选择。虽然覆盖范围差不多，但每个网站都有自己的特

① Indeed Worldwide、Jooble、CareerJet 网站信息仅供参考，用户谨慎使用。

色。Indeed Worldwide 在所覆盖的国家和地区都有自己的子网站，使用本国的官方语言或第一外语，如果你能掌握一些当地语言更好，当然翻译软件也是不错的选择。而 Jooble 上的职位更多针对发展中国家，如果你想探索发展中国家的文化和有趣的民俗，可以尝试使用 Jooble。

如果你想在看到最新招聘信息的同时得到过往经验者的建议和分享，想提前了解不同国家和地区的面试要求和工作签证如何申请等问题，可以选择 Going Global。

如果你想去一个国家旅居，需要提前找房子、合租伙伴，淘二手家具、二手汽车等，Easy Expat 将会帮你解决这些问题。Easy Expat 不仅有最新的国际招聘信息，还可以通过在论坛上发帖得到热心人的回答。当你发布简历后，需要不时更新和关注，以免错过在 Easy Expat 上面潜水的招聘者。

与 Indeed Worldwide、Jooble、CareerJet 不同，Monster Worldwide[①] 上有包括北美、欧洲、亚洲等地区的 40 多个国家的招聘信息，而 CareerBuilder International[②] 的招聘信息只有美国、加拿大、法国、德国、希腊、印度、瑞典、英国和越南。

如果你想体验在国外做志愿者或教授语言，Go Abroad 和 Transitions Abroad[③] 是你的首选，Go Abroad 上有超过 18000 个经过认证的教育和国际旅游项目。而最火的项目是在中国家庭做 Au pair Nanny，体验中国生活、教孩子英语，从而获得一定补贴。中国正在崛起，越来越多的项目和创意在中国。

如果你还没有做好完全成为数字游民的准备，而是想有一个间隔年让自己体验不同的生活，那么 BUNAC[④]（British

---

① Monster Worldwide 网站信息仅供参考，用户谨慎使用。
② CareerBuilder International 网站信息仅供参考，用户谨慎使用。
③ Go Abroad 和 Transitions Abroad 网站信息仅供参考，用户谨慎使用。
④ BUNAC 网站信息仅供参考，用户谨慎使用。

Universities North America Club）将会是一个好选择。

对于学习英语并且在学习中获得工作机会的人，TEFL Online 的课程会给你带来不一样的体验，让你在获得证书后还能获得工作机会。而 Academia 上面的大学招聘信息能够让你体验世界不同大学教育环境的同时获得旅游的机会和收入。

如果你是一名旅游博主，可以考虑在国际旅游代理公司的官网上找到他们的招聘信息。他们的业务覆盖全球，而每个目的地都需要大量领队。一边旅游一边赚钱的生活将在这里轻松获得。

成为一个数字游民，打造自己的技能组合，挖掘自己的核心潜力，找到自己的变现渠道，收获时间自由的同时实现经济自由。在数字游民挖掘业务渠道的过程中，需要拿出追求心上人一样的劲头去琢磨心仪工作的招聘信息，毕竟你的竞争对手已经不再局限于一座城市或一个国家了，你需要和全世界的数字游民竞争。

如果你还有更多数字游民的业务渠道，欢迎与我们进行探讨，我们一起在数字游民的生活中去探索更多有趣的新事物。

摆脱一对一的工具人困境

《圆桌派》[①] 第五季，讲述了鲁迅先生如何摆脱做工具人的案例。这是许子东[②] 教授重读《〈阿 Q 正传〉的成因》后的发现："一不要用到我太苦，二不能专属一家，三我不能卖肉。"

罗科仕数字游民平台在服务过程中得到最多的反馈就是数字游民对于工具人身份的困境。现代社会，我们在为他人提供产品和服务时，都具备工具人的属性，但鲁迅先生对于工具人的三点要求是现代职场人的共鸣。

---

① 《圆桌派》是一档全新风格的聊天真人秀节目。是由著名媒体人、文化名嘴窦文涛携手优酷"看理想"打造的全新"活色生香"聊天真人秀节目，延续不"装"的窦式主持风格，神侃包罗万象的话题，立足网络，开启全新的"谈论 + 互动"节目模式，场景多变，嘉宾流动。

② 许子东，香港岭南大学中文系教授，著有《郁达夫新论》《香港短篇小说初探》《张爱玲的文学史意义》等作品。

"一不要用到我太苦。"对于"996""007"的工作状态来说，用到太苦是职场工具人的常态。这种极度的身体透支不仅会给身体带来头痛、皮肤变差、免疫力降低等伤害，长时间熬夜让人的身体和心志处于疲惫状态，让人变得脾气暴躁、遇事冲动，不仅会降低人的工作效率，令人产生厌烦情绪，而且不利于周围的人际关系。

"二不能专属一家。"许子东教授说到这个话题时以自己举例："我不能对我的校长说让我偶尔去华东师大去上课。"企业在招聘时也会明确规定不能同时在其他单位任职，这是工业经济对于工具人从一而终的基本要求。所以，不专属一家是非常难做到的。

"三我不能卖肉。"这对于从事创作工作的鲁迅先生来说，是在表明文人的风骨，不能突破自己的原则和底线。但是在职场中，竞争激烈的环境让你不得不一再降低自己的底线、突破自己的原则。世人慌慌张张，不过为了碎银几两，工作本身的价值在车贷、房贷的压力下被稀释。

数字游民的崛起打破了职场工具人的困境。互联网平台的广泛性和多样性将职业由原来的一对一变成了一对多，不能专属一家的愿望在数字游民中得以实现。

约翰·布德罗（John Boudreau）在《未来的工作：传统雇用时代的终结》里说："工作任务和企业组织正在分离，许多企业的工作范围已经超越了自营的边界，工作和工作者的概念早已不再有内外之别，呈现出高度的渗透性。"①人们很难再回到从一而终的职业状态。未来工作形式的发展将会是一人多职、一职多家的工作模式。每个人都能够发展一种以上的职业技能，而同一种技能也会服务两家或两家以上的组织或公司。

摆脱工具人困境是未来社会发展的趋势，是时代发展的必然规律。

首先，数字经济时代最大的产业是教育、健康、娱乐、文化、艺术、旅游等服务行业，这与传统工业不同，它不需要打造生产链，也不需要

① 选自《未来的工作》。

庞大的组织合作。互联网信息的传递速度让交易变得更加简单。你注册一个账号就可以开始你的业务销售，只需发一条朋友圈就可以推广你的技能，无论是私人厨房还是知识分享，足不出户就能将中国的商品卖到国外。这是之前任何一个时代都不能与其相提并论的。

其次，我们都知道当今社会最昂贵的是人才资源。不同于过去的人力资源，人口数量占主要因素，人力资源的时代是通过科技和创造力来获得财富的。一个互联网创业公司，融资到的钱大部分都花在技术人员和运营人员身上了。这是一个内容和产品为王的时代，只有创意性超额满足客户需求的服务和产品才能够获得财富回报。

最后，未来传统的雇佣模式将会减少或消失。优秀的人是不需要被管理的，他们会自发到达他们感兴趣的地方。尤其是需要创造力的数字游民群体，过分的管理和限制只会让他们逃离。数字经济时代，人们的个性在互联网的包容下更容易被彰显，他们需要宽松自由的环境。硅谷是互联网时代的一个奇迹，也是一个缩影，那么多模仿硅谷的地方却没有一个成为第二个硅谷，因为硅谷企业的员工能够自由选择和谁合作、在哪工作、什么时候开始工作、什么时候结束工作。

由雇佣变成合作是未来工作的发展趋势，也是目前数字游民的工作方式。作为数字游民，你所面对的限制会越来越少，能够选择的范围会越来越大。

数字游民面临的风险

身份管理和个人隐私保护

有一部讲述亲密又危险的故事的电影《网络谜踪》[①]，这部电影带给

① 《网络谜踪》是阿尼什·查甘蒂执导，约翰·赵、黛博拉·梅辛、米切尔·拉主演的悬疑剧情电影。

我们关于互联网本质的思考。这个思考使罗科仕在产品升级中对隐私保护部分做了许多改进。

这部影片讲述了美籍亚裔的父女在妻子和母亲患癌去世后，相依为命的两个人小心翼翼地避开目前的话题的生活。直到女儿15岁突然失踪，焦急的父亲才知道他对于女儿的生活一无所知。在警察的帮助下，父亲开始了通过女儿的电脑了解她。

通过女儿社交网站搜索到和女儿有关的人，无论是同学还是和女儿有染的流氓都不能提供任何帮助。直到父亲通过女儿的直播视频找到女儿常去的大湖，在湖边找到了女儿的车却没有见到女儿的尸体，父亲在女儿车里发现了自己弟弟的衣服，当父亲向弟弟问罪时却得到了凶手另有其人的说法，并且已经公开认罪。而不相信这个说法的父亲决定继续通过网络找出真凶……

整部影片的搜索镜头都围绕着电子设备。这部电影呈现了互联网世界的状态，任何互联网动作都会留下痕迹，这对于数字经济时代的人，尤其是数字游民来说，隐私保护是一个巨大的考验。

一方面，数字游民的工作和生活几乎完全依赖互联网，无论是建设个人品牌，还是进行业务往来，抑或是传递自己的知识分享，时时刻刻都在传输着自己的信息，包括很多个人隐私，这意味着巨大的不可预估的道德风险的存在。这些信息如果被别有用心的人利用，我们将会遭遇什么样的恶劣事情、面临什么样的未知风险，难以想象。

对于一些能够进行数据访问的机构来说，可能会利用数据造假做一些不法的事情。2019年3月，Facebook的裙带关系机构SCL和剑桥分析公司对Facebook的用户数据进行了"不道德实验"，创建了5000万个用户个人数据的资料，并于2019年总统选举期间对这些数据的真实用户进行了有针对性的宣传，涉嫌操控美国大选。

另一方面，大数据算法为人们提供的极大便利会让人忽视网络隐私的不安全。

有一句流行语："抖音比你的男朋友更懂你。"只要你在网络上浏览过一样东西超过几秒钟，当你打开抖音或其他任何一个 App 时，它都会非常精准地推送给你。甚至连你自己都不知道自己喜欢什么，平台已经能够根据你的消费习惯猜到你想要的东西。

当下，越来越多的数字游民平台和组织联盟崛起，数字游民十分看重自己身份信息的管理和个人信息的安全保护。

> 已经离开上家单位 3 年多的刘先生依然会接到各种招聘网站、服务结构打来的销售电话，令人不胜其烦。刘先生在上家单位负责招聘工作，在众多招聘平台上都留下过联系方式。尽管已经离职很久，换了对接人，自己的信息仍然会被贩卖。

网络隐私安全问题将成为数字游民面临的最大问题，这个问题的解决不仅需要个人注意信息保护，数字游民平台的规范性还需要国家的监管。

2021 年 1 月 1 日正式实施《中华人民共和国民法典》(以下简称《民法典》)，这部诞生于数字经济时代的《民法典》对于隐私权和个人信息保护的相关制度做了明确规定，充分体现了国家对人本身的全面终极关怀，在数字经济飞速发展的时代，利用信息化和高科技进行数据有效管理，保证公民的信息安全。《民法典》第一千零三十二条到第一千零三十八条，详细阐述了对于公民互联网时代的信息保护措施。《民法典》的实施，给中国数字游民吃了一颗定心丸。

数字游民被动收入模式建立

许多人对数字游民有一种误解，认为数字游民需要不停工作才能支付生活所需。事实上，无论是传统工作模式，还是数字游民模式，工作都是你获得收入保障的基础。

对于数字游民而言，避免地铁早晚高峰的拥挤、上下班的打卡、从早到晚的会议后，自由的代价就是失去带薪休假、失去产假、失去13薪、失去年终奖等。除此之外，社会保险也只能缴纳养老保险和医疗保险，住房公积金、生育保险、失业保险和工伤保险均不能自己缴纳。对于生活成本的增加，数字游民需要通过增加收入来补充，需要数字游民对于这种财务状况做好准备。

面对更多生活支出，打造自己的被动收入模式是数字游民生活的重要规划。“被动收入”概念最火热的时候是《富爸爸穷爸爸》流行的时候，当时正是中国房地产的黄金时期，富爸爸推崇的是通过房地产投资来让钱生钱。而对于互联网时代的数字游民来说，房地产投资的门槛已经很难介入，草根创业和内容创业成为这个时代打造个人被动收入的最佳方式，其摆脱了对于大量资金的依赖，只需要你有好的创意和执行力。

相对于主动收入的不间断劳动投入，被动收入则是先工作，然后随着时间积累不间断享受劳动果实。

我们分享一位数字游民圈里被动收入模式打造非常成功的案例——Smart Passive Income 创始人 Pat Flynn 的故事，他利用自己的网站和博客指导数以万计的数字游民实现互联网创业，在自己的数字游民生活方式中实现了年入百万美元的被动收入。希望他的故事对我们建立自己的数字游民被动收入模式有一定参考。

> Pat 从大学时就在播客上记录和分享生活琐事，在毕业后收到建筑公司 offer 的同时，Pat 需要通过 LEED（Leadership in Energy and Environmental Design）资格认证考试。面对需要大量记忆和整理的知识点，Pat 做了一个 Wordpress 网站来记录和复习，同时希望能够分享给其他的同事。但是，顺利通过考试的 Pat 在 2008 年失业了。

刚刚结婚的Pat在失业中即将迎来他的第一个孩子，心急如焚的Pat在收听互联网创业播客时得到启发，他将之前的LEED考试网站安装了统计工具。数据显示，每天有上千的访问量，并且由于他的知识点总结到位，这个网站在Google上的排名十分靠前。换句话说，他的考试网站火了。在粉丝的建议下，Pat写了一本电子书，把网站重新包装并售卖电子书，而电子书省去了出版、印刷、发货等流程，只要有人购买就有进账。靠这本书Pat一年入账20万美元。

而依靠考试网站实现被动收入的Pat马上将自己赚取被动收入的经验做成了分享网站http：//SmartPassiveIncome.com，Pat毫无保留地在网站上晒出了自己的被动收入并给大家详细说明了这些收入的来源。

我们通过Pat最新的收入报告看到他最大的一笔收入来源于一篇教别人4分钟内在Bluehost上搭建自己私人博客的文章，这篇文章使他每个月赚取5万美元。

也许你不理解为什么一篇文章能够赚这么多钱，事实上这个行为是人们在商业中最常用的促销方式。《粉红女郎》中有一个情节：万人迷在珠宝店买首饰，只要她拿起一件，就有人觉得好看买走，最后客人走了，店主给了她3万元佣金。今天这种方式只是被搬到了网络上。你平时会看一些公众号文章，里面有一些商品链接，当你需要这个商品时，通过公众号的链接购买可以立省20元，同样的东西人们当然会选择价格更优惠的。而对于公众号作者来说，每一笔通过她的链接完成的订单，她都可以获得10元提成。在这个过程中，作者不需要做任何事情，这个过程是自动的。只要这个商品一直销售，作者就能一直获得收入。

这是数字游民为自己实现被动收入的好方法。通过细心钻研和自我品牌建设营销，把自己打造成一个方向的专家，当你成为意见领袖时，人们会对你产生信任，主动去购买你推荐的或销售的产品。建立自己的自媒体平台，不断发布优质内容或发起专业话题，当你被大家认可为这方面的专家后，赚钱是水到渠成的事。

数字游民的健康保险保障

数字游民是一群追求生活品质和自由的人，他们比传统上班族有更多的时间在路上或陌生的地方。除了失去五险一金[①]和其他福利，数字游民还会遇到更多的健康和旅途风险。一个成熟的数字游民应该考虑到健康保险保障问题。

数字游民选择去更实惠的国家或城市生活，在陌生环境可能会遇到航班延误、频繁更换饮食习惯导致的肠胃紊乱、参加冒险运动（越野摩托车、潜水、攀岩等）、办公设备损坏或被窃等情况，你需要对这些意外有充分的认识并做好规划。

社会保险之外的商业保险保障

成为数字游民后，你将失去全职雇员的社会保险保障。为此，数字游民需要为自己的健康医疗及养老保障做一份规划。除了要求项目合作中的甲方提供短期意外保险和雇主责任险，数字游民需要为自己做一个保险规划。

人吃五谷杂粮，谁也无法保证自己不生病，所以一份医疗保险是十分有必要的。靠谱、诚信的数字游民平台能够提供“一站式”保险配置服务，这也是判断数字游民平台是否成熟和全面的重要依据之一。

除此之外，如果将数字游民作为终身职业，为自己准备一份养老基金或储蓄分红保险是一份时光流逝中不会变质的安全感。

---

① 五险一金：养老保险、医疗保险、生育保险、工伤保险、失业保险和住房公积金。

数字游民旅行中的保险

当你踏上数字游民的旅途时，你需要购买一份旅游保险。中国目前有很多保险公司，因此需要你进行筛选和判断，找到适合自己的旅游保险。对于航班延误等意外情况，一般在购买机票时就会有配套的航班延误险和意外险。

面对旅行途中可能发生的意外情况，如因为你突发奇想的计划而改变旅行目的地或因为工作任务不得不中断旅途，这些都需要你能够了解当地的保险规定，为自己的出行做好安全规划。

人身意外险说出来有些吓人，我们当然希望所有的行程都是安全和顺利的，但我们无法控制意外的发生。例如，新冠肺炎疫情暴发时，有很多数字游民被困在当地。人类对于不可抗力的意外是毫无办法的，能做的只有在发生之前尽量采取一些保护措施。

了解你的保险范围的内涵和外延

你可能在签署长期旅游保险单之前会有一些问题：健康索赔的免赔额是多少？救护车的费用是多少？拔牙的费用是多少？意外受伤的治疗或紧急手术的医疗程序怎么走？行李丢失或钱包被偷怎么办？如果有犯罪发生如何证明？不被承保的理由是什么？笔记本电脑如何确定账面价值？保险报销赔付的周期是多久？有哪些活动在承保范围内，是否包含探险活动？

如果你在国外发生保险索赔的情况，就更需要提前了解这些保险相关知识。

保险公司、律师、警察不是你的朋友

如果遇到索赔或报警的情况，务必克制自己的情绪，能够简短、清晰地描述你的问题。对于保险公司、律师和警察来说，他们是诚实、理智的，也是合法的。每天处理各种案件，他们早已锻炼出不能理解复杂

的描述和情感表达，所以数字游民在遇到需要和他们打交道的情况，一定要冷静对待，不要有过多的情感描述。

对于保险公司而言，他们会通过查看社交媒体的信息来确定案件是否在保险范围内，这对于数字游民来说是需要注意的地方。坦率、有礼貌地面对他们，如果不知道怎么回答或对事情不够清楚，可以先提问题，再找到简短的答案。

准备好应急资金

在数字游民的旅途中，即便你买了保险，但赔付需要一定的周期，需要层层审批你提供的资料。即便是简单损坏的行李，保险公司也需要时间提交和审核资料。这段时间意味着你需要自己处理好自己所面临的问题，自己花钱解决意外造成的后果。

数字游民的目的是追求生活品质和自由，这种美好的生活方式背后有我们的家人、爱人和朋友的支持。而我们对于自己的健康和安全有责任保护好。我们可能在旅途中经历擦伤、路疹、瘀伤等考验，甚至会因为不适应新环境而生病住院。我们要有能力负担这些意外所带来的费用。

如果我们的行李或笔记本丢失，作为数字游民工作的工具，我们需要有能力配置新的工具。所以，开始数字游民生活前，做好保险保障是基本要求。

05

第五章　数字游民的人生选项

只工作不上班的数字游民生活

很多人对数字游民的理解都停留在全球旅居或不停行走的印象里，他们喜欢冒险和尝试；还有一些人认为只有互联网行业的人能够做数字游民。但是在我们统计和采访过的数字游民群体中，数字游民的职业范围和年龄范围都非常广，他们的生活方式也并不是一直在路上。任何一种生活方式持续时间久了都会使人倦怠，找到人生的意义和热爱是数字游民的核心。

作为数字游民中的内容创作者，他们大多数在默默地耕耘，有自己坚定的价值观和世界观，有一种看过世界后的豁达和通透。我们可以通过对刘叁叁的访谈来了解她成为数字游民的初衷，以及她践行数字游民生活的心路历程。刘叁叁是一名编剧，参与过多部电视剧的编剧工作，她同时是一名幸福感很强的数字游民。通过对刘叁叁的采访，我们来了解一下数字游民的内涵。

特约访谈——编剧刘叁叁

问 你来自哪里？目前居住在哪里？目前以什么维生？

答 我从小的生活是非常稳定的，在很长一段时间都生活在东北吉林。作为“80后”独生子女，父母将所有的期望都寄托在我身上，上大学之前，我没有离开过父母的视线。第一份工作也是在家乡电视台。这种爱和关心太密了，想离开他们过一种自由的生活。

辞掉工作后来到北京，目前居住在北京，靠写稿等维生。

问 你从什么时候意识到自己要成为一名数字游民？

答 2015 年以前，我一直在东北老家。父母的关爱让我透不过气，我希望过一种不一样的人生，从小就像男孩子的性格也让我对外面的世界充满向往，但始终没有找到方向，不知道自己要干什么？要到哪里去？在这样的情况下，我办理了电视台的停薪留职开始创业。但那个生活环境太熟悉了，让我觉得没有意思、没有热情。不明白自己想要的是什么？电视台多年的台本写作也没有什么新意。每天都在重复相同的生活，一眼看到 10~20 年后，感觉自己也会和现在的父母、叔叔、阿姨们一样，在琐碎中麻木。实际上我从小就是比较野性，不然也不会离开电视台去创业。在停薪留职的创业中，因为城市太小了，会经常遇到熟悉的人询问我的工作，每次都叹息说我放弃了这么好的工作。可我心里一直想要过不一样的生活。

可能这个离开的想法过于强烈，之前在电视台合作过的一个导演给了我一个到北京的工作机会。我以工作的理由离开了家、离开了父母，结果到了北京，这个电影项目因为种种原因被停了。所幸之前写过的一个剧本被导演买走，有了第一笔资金，这给了我一个启示，我可以靠剧本写作来养活自己。

到北京没多久，父母担心我一个人在外面生活不安全也来了北京。我意识到只要在一个地方停留就不可能和父母分开，当时的状况不过是从老家换到了北京。当我开始自驾游去不同的城市生活时，我意识到自己需要一份自由的工作。

买剧本的导演给我推荐了几家影视公司，我们以合作的方式进行创作。随后我在抖音上开通了账号，做 Vlog 和直播。我喜欢上了这种工作和生活方式，后来了解到我并不是孤独的，这种生活方式叫数字游民生活方式，有一大群人在践行这种自由、浪漫的生活方式。

问 你的家人、朋友如何看待你的数字游民生活方式？

答 对于一直把我当“眼珠子”一样看待的父母，我的这种生活方式无异于打破了家里的宁静。我妈说：“你辞掉电视台的工作，起码还在身边，我们可以帮你，你到北京也应该找一个像样的工作生活。现在你连单位都没有了，老了、病了谁管你？”我爸气得几天没和我说话。

我姥爷、爷爷都从政，他们习惯了做一件事从一而终，一大家子没有出过我这么叛逆的孩子。我真的接受不了那种一成不变的生活，最后还是姥姥说：“我们都陪不了你一辈子，自己的路还是得自己走。”

但是我的好朋友却认为我非常适合数字游民生活。在她看来我就是这种对世界充满好奇、不计较世俗成功的人。从上学开始，我就爱看闲书、写诗歌、写小说，常常代表学校参加比赛，偶尔有了稿费就请大家吃零食。他们认为我这么浪漫的一个人不适合体制内的稳定。

问 你怎样区分生活和工作的界限，从而做到平衡？

答 我以前的工作是一成不变的，与父母的关系密不透风的。现在的工作和生活就是旅行、写作、拍视频，时常带父母旅行，让他们见到我的工作和生活状态，知道我能够养活自己让他们安心。我经过很长时间的准备和努力才做到这种状态，并不是冲动决定。

问 在数字游民的生活中，有没有印象深刻的失误发生？

答 我出身军人家庭，相对来说脾气更加倔强。刚开始对于数字游民的工作，我认为只要自己写好内容和作品就行，并没有想过个人品牌的建立和营销自己，所以在自媒体的发展上失去了很多机会。如果一开始就在自媒体上同步营销自己，估计会更早实现财富增长。实际上我自己也觉得前期积累是非常重要的，没有过于急躁地变现，优质内容产出和自己的内心平和是非常重要的。

问 你认为成为数字游民最重要的品质是什么？

答 首先要对自己的技能有完全的把握，能够依靠技能养活自己。当时我离开电视台，很多资源实际上就没有用了。有时候人会分不清自己的能力和平台自带的光环加持，对自己的能力有误判。而离开平台后需要完全依靠自己的技能，需要有一定的经济准备来应对突发状况，还需要有面对困难的勇气。数字游民实际上相当于一个人开一家公司，方方面面都要考虑到，所面对的问题是和做一颗螺丝钉是完全不同的，需要有面对的勇气和毅力。有时候差点运气都可能让你自我怀疑。

问 对于想要做数字游民又犹豫不决的人，你有什么话想要分享给他们？

答 我非常喜欢评书大师单田芳的一句话：“大将出马前说：休要担心，莫要害怕，给我闪退一旁。”这个世界是一直变化的，就像我们小时候根本无法想象对着一块屏幕相隔万里都能看到对方和他说话，这是只有神话里才会出现的情景。而事实上这个时代就是一个神奇的时代，变化太快了，我们对于舒适区留恋很正常，但是敢于冒险才能拥有更大的舒适区。因为外界在动，你不动你的舒适区就会越来越小。尤其是人生短暂又脆弱，我们应该做自己最想做的事情，休要担心，莫要害怕，给我闪退一旁。

问 数字游民初期会面临收入不稳定的情况，你是怎么克服的？

答 我的情况相对比较特殊，因为我在电视台工作了很长时间，对于很多影视公司和导演的需求了解比较多，自己又常年写脚本，刚开始做数字游民就是维护好已有的合作、保持好关系，最重要的是一定要保证自己作品的质量，这样才会建立长期的合作。因为电影剧本写作比较难、周期长，有一段时间我选择不写成品，只写大纲和开头。在这个阶段把剧本卖掉，实际上是在销售创意。好处是周期比较短、能够快速收到稿费。

虽然刚开始收入不稳定，经过多方向的发展，结识更多的人。但是会考虑自己的能力和方向，不轻易接自己完成不了的工作。尤其是朋友介绍的项目，如果自己没有十足的把握不要去尝试，这会给你们的友谊和后面的发展带来困扰和伤害。

现在最喜欢写的是短视频的脚本，这个内容少，并且拍摄快，压力不大，并且在这个工作中会认识许多对影视怀有热情的年轻人。

问 请你谈谈自己在数字游民生活中感受最深的益处。

答 最大的好处应该是按照自己的心意生活。我希望以后自己的墓志铭上能写这个人按照自己的意愿过了一生。数字游民生活是一种完全由自己主宰的生活，无论是你想去看望朋友，还是静静地发呆，你想在路上还是待在家里，都由自己决定。

对于我来说，在见识世界的过程中重新审视和父母的关系、和自己的关系，能够更加清醒地认知爱，获得心灵的平静。这是我在数字游民生活中最大的收获。

问 你现在多久旅行一次？全世界你最喜欢的地方是哪里？为什么？

答 经过这几年的行走，现在基本上半年才会换一个地方。去过很多国家和城市之后，我发现最喜欢的是北京，现在也住在北京郊区。

北京是一个特别神奇的地方，爱它的人和讨厌它的人同样多。但是对于我来说，去过别的国家之后发现自己最喜欢的还是自己的国家，喜欢我们的饮食文化和热腾腾的生活氛围。北京的高压力其实主要是针对住在市中心或工作在市中心的人，而北京郊区的房价和物价都不高，交通也很便利。作为中国首都，北京有许多便利和福利，密集的艺术中心、大型的图书馆、世界一流的学府、博物馆、历史沉淀的古老建筑，这一切都让人着迷。

当你从另外一个角度来看北京的时候，会发现这座城市是非常动人美丽的。很多人选择逃离北京，不过是想逃离它的高压、房价和拥堵的交通，并不能否认它具有的文化魅力。

问 有没有什么好的书籍、网站、装备等给想成为数字游民的人推荐？

答 其实罗科仕平台就是一个非常好的数字游民集合地，上面有很多教程和工作机会，基本可以让一个数字游民新手平稳上路了。对我自己来说，更多的是通过圈内朋友推荐，看很多杂乱的书，拍摄主要是手机、自拍杆，需要一台好的笔记本电脑、上网卡、相机。

问 任何事情都有两面性，你认为数字游民有哪些缺点呢？

答 数字游民的交流方式主要在线上和虚拟空间，工作相对独立，人在交流过程中缺少面对面交流时需要的情绪和面部表情，这实际上会降低人对于语言的使用能力。脱离了上下级的位差，甲方、乙方的概念也越来越模糊，心里多了对世界及人类本身的悲悯，却少了人情练达的能力。

我在电视台的时候，领导的一句话可能有三个意思，并且要能够快速反应。而做数字游民时间久了，心思会变得单纯，不太会应对人情往来。原来我觉得自己挺机灵的，但是现在几乎没有心机，喜欢直接表达。

问 你觉得数字游民生活会对生活环境产生什么影响吗？

答 我现在接触和理解的数字游民实际上都是文化水平很高且技能很突出的人，这样的人不太容易被管教，他们往往非常在意自己的精神世界，有创造力、有活力。现在的科技和国家政策给了这些人机会，能够让他们在自由的环境里发挥创造力。尤其是我遇到很多经验丰富的前辈，互联网让他们能够在自己的领域继续发光发热。还有很多生了孩子的妈妈，很多人因为照顾家庭不得不离开职场，但她们同样受过高等教育，有很强的能力，这实际上是一种资源浪费，但是数字游民这种方式让他们的能力得到施展。

我们在和刘叁叁交流的过程中，发现有很多数字游民在选择这种生活方式的时候，对一成不变的生活有一种本能的抗拒，向往自由，在生命的体验中去发现工作价值，他们愿意为热爱买单，并且希望能够为他人带来帮助。

南京大学的一位哲学教授和我说："上班是拿别人的钱办别人的事，上班不等于工作。"对于"上班"来说，公司花钱购买员工的劳动时间，在出售的时间里必须按照公司制定的规定完成规定的事。在这场公司和个人的时间交易中，"工作"本身的自我价值实现作用没有了。

数字游民是科技时代的必然产物。对于工作本身来说，这是一种进步，也是一种回归。在任何时代，工作都是一种实现自我和促进社会进步的必要手段，这是一种为了更美好生活而自发进行的。如果被鞭子抽打着，圈进一个固定的格子，将失去生命的活力。

数字游民的时间管理指南

"工欲善其事，必先利其器。"对于数字游民来说，完全自由地使用时间是一件美妙的事情，也是一件充满考验的事情。如果没有合理的规划和时间管理，将无法持续数字游民生活。数字游民的工作面对着更多的电子产品、新鲜的环境和陌生人，这些都会带来更多的诱惑。例如，你正要完成一份策划案，这时你的新朋友叫你去海边游泳，你很难拒绝这个建议，那么为了完成这个策划案，只能熬夜或加班加点，从别的地方挤出时间。如果想要从容地过好数字游民生活，除了认识到时间管理的重要性，还需要借助一些工具和方法。

中国有句俗语："眼是懒汉，手是好汉。"当你看到一个房间乱糟糟的时候，会产生一种无从下手、无处立脚的感受。这个时候你要做的是从任意一个角落开始把东西整理好，随着你动手便会豁然开朗，原来并没有那么困难。

对于数字游民来说，经常会出现一种情况，那就是事情太多不知道先处理哪一件。许多事情在脑子里堆积，最后变成虎头蛇尾的半成品，令自己焦虑不堪。这时候我们要借助纸和笔，将所有的事情一一列出，将头脑中纷杂无形的想法转化成纸面上的文字，这样不仅可以减轻大脑的压力，而且能更加清晰地看到事情的紧急程度和重要性，按照轻重缓急的任务清单一一解决。

这个方法和2001年时间管理专家David Allen发明的Getting Things Done（GTD）时间管理体系的原理相同，通过记录生活中已经发生的未完成和可以预见的所有事情来转移大脑压力，达到减压增效的目的。

用原始的纸和笔来进行记录是一种回归本源的状态，通过动手来达到整理和梳理的目的。现在市场上也有很多应用程序是根据 GTD 理论开发出来的，如 Omni Focus、Todoist、Wunderlist 等。对于我本人来说，更喜欢使用罗科仕平台的时间管理模块，它能够更好地和工作融合，每个人的实际情况不同，需要在实践中找到适合自己的方法。

相对于 GTD 理论，还有一种更为简单的时间管理方法——番茄工作法[①]（The Pomodoro Technique）。这是 20 世纪 80 年代一名叫 Francesco Cirillo 的意大利人为了克服自己大学时期的拖延症发明的。关于番茄工作法的内涵，我的理解是“专注一点，各个击破。”

番茄工作法主张将生活和工作任务分开记录，根据重要程度进行优先级排序，然后将时间分为 25 分钟一个番茄钟，集中精力工作 25 分钟，休息 5 分钟后再接着进行下一个番茄钟，每完成 4 个番茄钟可以有一次长时间（半小时）的休息，从而产生一种高效的工作节奏。对于由于注意力分散而干扰到正常工作的数字游民来说，番茄工作法能够改善这种被打断的窘境。

相对于 GTD 理论和番茄工作法，20 世纪著名的美国喜剧演员 Seinfeld[②] 用一种更加简单粗暴的方式来进行时间管理。Seinfeld 作为创意工作者需要写大量的手稿和素材，为了集中注意力，他给自己设定好目标后，就买一本日历挂在墙上。完成每天的目标后就在日历对应的格子里画一个红叉。他认为做任何事情都需要不间断地坚持，一旦断掉就很容易形成拖延的惯性。Seinfield 称这个方法 Don’t Break The Chain（别断链子）。

这个方法看似很简单，但真正能够每天做到是非常不容易的。许多数字游民刚开始的时候都会遇到这个问题。并不是时间不够用，也不是

① 摘自《番茄工作法图解》。

② Seinfeld——《宋飞传》的主演，编剧。

工具不够多，是做了很多计划后完成不了，在拖延和事情的堆积中逐渐丧失了时间管理的主动权。

我认为，时间管理的根本意义在于能够合理分配，将时间的使用变成一种极简主义。

数字游民生活是数字游民基于自己的兴趣、特长主动选择的一种生活方式。当你去做时间规划时，需要把规划的时间拉长，背后的深层含义是你要什么样的人生。趁早团队的创始人王潇在其著作《按自己的意愿过一生》中提到了“一生的计划”（见图 5-1）。

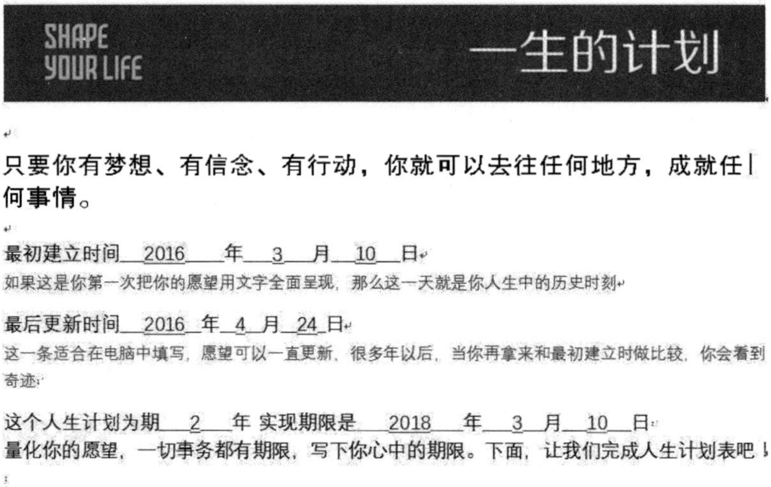

SHAPE YOUR LIFE　一生的计划

只要你有梦想、有信念、有行动，你就可以去往任何地方，成就任何事情。

最初建立时间__2016__年__3__月__10__日
如果这是你第一次把你的愿望用文字全面呈现，那么这一天就是你人生中的历史时刻

最后更新时间__2016_年_4_月_24_日
这一条适合在电脑中填写，愿望可以一直更新，很多年以后，当你再拿来和最初建立时做比较，你会看到奇迹

这个人生计划为期__2__年 实现期限是__2018__年__3__月__10__日
量化你的愿望，一切事务都有期限，写下你心中的期限。下面，让我们完成人生计划表吧！

图 5-1　趁早团队定制笔记本中“一生的计划”的截图

对于数字游民来说，时间管理需要放在人生中去规划。根据长远目标来进行短期目标的设定和调整。在这个过程中，我们不断通过关注终身成长减少焦虑和困惑。因为很有可能你现在喜欢的事情，5 年后就不喜欢了，或我们现在做的工作，20 年后就被颠覆了。

但这些变化和颠覆都不是最重要的，丰富的人生体验和从容的生活品质是数字游民的基点。

Tim Ferriss 的斜杠人生

Tim Ferriss 和中国的“斜杠青年”

《人民日报》上发表过一篇文章《“斜杠青年”为什么这么流行》。一名从事青少年研究的学者说现在有一类被称为“斜杠青年”的年轻人，他们不同于老一辈一生只干一份工作，他们通常拥有多个职业和身份，也愿意尝试完全不同的行业，如作家、插画师、摄影师。《中国青年报》曾对近 2000 名青年进行调查，超过一半的人表示身边有“斜杠青年”，并且认为他们是敢于挑战、充满活力和朝气的人，喜欢和他们做朋友，“斜杠青年”对于社会来说有积极意义。

“斜杠青年”在中国已经成为一种潮流。事实上，“斜杠青年”不只是年轻人的专属，很多中年或老年人学习的热情和对变化的拥抱也越来越强烈。

《纽约时报》专栏作家麦瑞克·阿尔伯在他的《双重职业》中说：“他们不满足单一职业和身份的束缚，而是选择一种能够拥有多重职业和多重身份的多元生活。”由于科技进步和新型经济形式的发展，个体的创造创新环境越来越开发和包容。自主、多元、有趣、独立成为这群思想开放、渴望自由、追求自我价值的群体对工作的追求。

事实上，“斜杠青年”在中国早有先例，我国北宋著名诗人苏轼，不仅诗词写得好，而且是著名的文学家、书法家、画家，而对于文学的专注和热爱，让他的书法、绘画都文气斐然、意境深远。

关于“斜杠青年”，早在 2007 年，一位名叫 Tim Ferriss 的 30 岁青年写了一本书《每周工作 4 小时》。这本书一经问世，就霸占了《华尔街日报》《纽约时报》《商业周刊》畅销书榜榜首。到 2021 年，这本书在全球 29 个国家和地区出售了版权。只看书名，就让人想到美好生活应该是每周工作 4 小时而不是每天工作 12 小时。

《每周工作 4 小时》畅销的时候，作者 Tim Ferriss 刚满 30 岁。他被称为全球化 3.0 时代新人类代言人，被美国普林斯顿大学请去做客座讲师，被谷歌、PayPal 等创意企业邀请作演讲。他能讲汉语、韩语、日语、德语、西班牙语、意大利语，曾在中国漫游、留学，获得过中国散打比赛的美方冠军，他的探戈舞打破了一项吉尼斯纪录。他四海为家、旅居世界，《纽约时报》《国家地理旅行者》《商业周刊》《马克西姆》等都对他进行过报道，他的身份是企业家、作家、演员、武者和舞者。

这份亮闪闪的履历让人认识到人生原来可以这样精彩，进而引发了许多人对于自己生活的思考，我是不是也可以？对于 Tim Ferriss 的人生经历，并不需要智商 200 以上，而是能够找到对于自己来说最重要的东西，提升单位时间内的产出，然后勇于突破自己的局限。

对于“斜杠青年”的流行，参考 Tim Ferriss 的人生履历，我们不仅可以看到现代社会的进步、开发和包容，而且让我们知道生活可以有更多选择。但是选择背后可能有更大的挑战，所以需要我们更明确人生方向，学会时间管理，在工作执行中严格要求自己，要能付出更大的努力。

中国在快速发展中彰显了更高的人文关怀，对于自由职业、灵活就业、“斜杠青年”等新型就业形式给了更多关心和支持，并在行动中进行新型职业形态的探索。例如，鼓励事业单位及高校的科研人员到企业兼职、支持公立医院的医生实行“多点执业”等，这些好政策的引导让职场业态更为灵活。“斜杠青年”、数字游民、灵活就业将会为新时代的中国就业环境和职业形态注入一股敬业奉献、奋发有为的正能量。

打破自我的勇气

凌晨 3 点打开朋友圈，你看见有人发了一条“加油，打工人”消息。这个消息可能想表达自己的勤奋，事实上只会给人一种效率低的印象。

在数字经济时代，没有效率的忙碌实际上是一种偷懒，懒于思考和独立行动，就像羊群跟着人行动。不思考事情的主次轻重，只有忙碌没有效率，而这种低效的劳动成为懒惰者标榜的勤奋。

勤奋永远是正向的优秀品质，而伪勤奋可能会毁掉你的人生。

我问过很多人一个问题："你人生中最缺的是什么？"大家的回答基本分为两类：常常加班、熬夜、生活不规律的人最缺的是钱；收入颇高、生活闲适的人缺的是时间。这个答案的诡异之处是它颠覆了我们对于生活的认知。也许你会说是他们的家庭出身或学历、或智力水平差距太大，事实上他们几乎都是受过高等教育、来自普通家庭的人。

大家都是拥有一天 24 小时，一周 7 天，为什么生活的状态会差别这么大？让我们通过案例看一下熬夜加班的背后逻辑。

何莉（化名）是一家公司的人力资源培训主管，28 岁，单身，她在这家有 1000 名员工的公司工作了 3 年。据她说除了刚来公司的第一周，剩下的日子几乎每天加班。她的小组有 2 个人，而编制是 4 个人。原因是经常加班导致员工流动性特别大，对于一家成立 25 年的公司来说，入职 3 年的何莉已经算是老员工了。

新员工培训每个季度一次，日常就是总结员工培训结果反馈及升级培训课件。年轻的姑娘脸上经常长痘，也曾在深夜痛哭过。好像工作永远也做不完，有时候只是改一个 PPT 的排版都能讨论到深夜，最后呈现的结果也不尽如人意。

她不明白为什么总是在加班。刚入职的时候，因为领导和同事都没有下班，所以她也不好意思按时下班。最后就变成了每天加班，似乎要比谁都走得晚。有时候面对工作会不由地想：没关系，反正也做不完，晚上加班做。

实际上，真正的工作时间并没有认真工作，一会儿喝水，一会儿上厕所，偶尔和同事聊几句八卦，时间就这样溜走了。然后加班变成了一种企业文化，何莉也在这种加班文化中不可自拔，甚至会有自我感动的想法。但你让她现在重新换一份工作，她会拒绝，因为她已经不知道怎么提高效率了。她误将加班当作努力，将懒散看成勤奋。这种自我意识的催眠让她恐惧变化。

在企业里，像何莉这样的情况非常普遍。从开始不愿意加班、排斥加班，最后像温水煮青蛙一样逐渐丧失了主动思考的能力。如果你发现自己站在了大多数人的一边，要保持警惕，停下来思考，未来5年、10年、20年的生活是否会一直不咸不淡、得过且过？

要打破这种被动的人生，当然，做出改变需要勇气。《断舍离》里有一段话：“断舍离的主角并不是物品，而是自我，而时间轴永远都是此刻，选择物品的窍门，不是能不能用，而是我要不要用。”这段话在人生的突破中同样适用。我们要打破原来的自己，解放真实的本我，这是一个重生的过程。这个过程中有几点非常关键：

我要成为什么样的人

小孩子总是会被问长大了要做什么，现实却总令人失望，我们变成了自己讨厌的样子。事实真的是这样吗？我们重新审视自己，看到内心那个天真好奇的孩子，找到自己心底那个真实的内核。苹果公司创始人史蒂夫·乔布斯说过：“你们的时间是有限的，所以不要浪费时间在活成别人的生命上。不要为教条主义所困，教条主义是仅仅活在别人的思考结果的人。不要让别人的意见淹没你自己内心的声音。而最重要的，要有勇气追随你自己的本心和直觉。他们已经知道你真正想成为什么样的人。其他事情都是次要的。”

不要给自己贴标签，活成一个模板。摆在人生面前的选择从来不是唯一的，除非你已经认定这辈子只能过朝九晚五的生活。如果不是，安静地思考自己可以做什么，做什么能够让自己激动和喜悦，什么时候开始，想要和谁一起做。找到自己的优势，为自己装满勇气，重新出发。

利用自己的强项，并不断强化它，让它成为你迎接挑战的武器。只有知道了自己想成为什么样的人，才会遇到能够帮助我们的人，遇到志同道合的伙伴，在思想的碰撞中产生创造的火花，过有趣的生活。

过极简的人生

日本著名的极简主义者佐佐木典士在其著作《我决定简单地生活——从断舍离到极简主义》中写道："比起做出改变，维持现状显然是更轻松的选择，但如果一味追求现在，总有一天你的现状会失控。你的生命和时间都是有限的，而且越来越少。所以，不要让多余的物品占据你宝贵的时间了。"

将有限的时间和生命放在最重要的事情上，无论是工作还是生活，都会极大地提高我们的效率。大刀阔斧地精简我们的生活和工作，将效率提高到极致，这样才能拥有更多的时间去发呆、去晒太阳、去约会，而不是在晒太阳时想着还有一份文稿没写，在约会时记起有一个 PPT 要改。无论是"二八法则"还是"帕金森法则"，核心的观点都是将精力集中在重要的事情上。对于成为"斜杠青年"或数字游民，要更清楚自己的收入来源，在未完成收入目标时，将时间和精力花在最能变现的工作上。

曾子曰："吾日三省吾身。"① 养成每天思考和自我对话的习惯，问自己如果只有两个小时我要做什么？如果今天只做这一件事，我会对今天感到满意吗？我是不是用杂事逃避了最重要的事？要把好钢用在刀刃上，要培养自己选择性忽略的能力，减少时间浪费。现在是信息爆炸的时代，我们被动接受太多信息会让大脑养成懒于思考的习惯。为了降低信息轰炸，我们可以进行阶段性断网。

学会拒绝能够让你节约 30% 的时间。减少不必要的无效社交，学会

① 出自《论语·学而》。

拒绝你不喜欢或自己能力范围以外的事情，会减少很多时间浪费和情绪成本。

自控体系建设

我曾经同时运营过五家公司，但我自己做的工作主要是战略制定和流程监督。其中有很多重复性的行政类、执行类工作都交给了外包团队。尽管外包出去的这些工作自己也能做，但是它需要耗费大量的时间和精力。对于我们来说，这并不只是一笔经济账。我们用省下来的时间去陪伴家人、交朋友，以及研发新的产品。在这个过程中实现收入自控，节约时间。

知易行难，即便我们拥有最完美的方案，不去做就只能成为白日梦。

数字游民的力量源

数字游民实际上并不是为了游而游，更多的是一群掌握了生活主动权的人选择的一种生活方式。对于中国人故土难离、家族观念、父母在不远游的情结，成为一个数字游民最大的阻碍来源于家人，而最大的支持也来源于家人。

同世界上不同国家的数字游民交谈后，我发现中国的数字游民不同于西方国家的数字游民，他们的数字游民生活有更多的情感支撑。

夏晴（化名）是一名视频剪辑师和摄影师。两年前，她在一家事业单位做着一份朝九晚五的工作。夏晴热爱旅游和美食，因此赚的钱大部分用在了休假旅行上。每次旅行结束，她都渴望着下一次旅行。后来，夏晴交了一个男朋友，是一名建筑工程师，常常需要到各地出差，夏晴渴望这种能够一边旅行一边工作的状态，那时她已经是一名比较知名的后期制作，平时也会接一些剪辑的兼职，拍摄的照片在社交平台上常常被赞赏。她为辞去工作做着准备，并计划去男朋友家乡的小镇生活一段时间。尽管对经理说出“我要辞职”是件可怕的事，但当她在劝了自己100遍不要辞职后大哭了一场，但是哭过之后，她仍然决定辞掉工作，开始靠远程接单的方式开始自己的数字游民生活。

夏晴做出这个决定后，第一时间告诉了自己的男朋友和父母。男朋友非常支持她的决定，表示如果坚持不了，自己会是她的后盾。虽然父亲不理解女孩子为什么不做一份稳定的工作而折腾，但当她真的辞职后，给她发了一条信息：“家里永远是你的港湾，保护好自己，我和你妈妈会支持你。”

得到了家人支持的夏晴就这样开始了她的数字游民生活。后来夏晴还开了摄影线上课程，她发现要想拍出好的作品，让剪辑的内容变得更加生动，最重要的是能够发现生活中的美好，珍惜和热爱生活中遇到的事和人。

这不同于上班，上班是没有心情关注世界的。在家人的关爱和支持下，夏晴选择数字游民生活不仅使她体会到了温暖，而且在面对困难时有了对抗的勇气。

对于数字游民而言，一个人孤军奋战是常态。在这样的时刻，身边家人、朋友的支持和鼓励是重要的力量来源。而中国的家文化和重视情感的基因决定了中国的数字游民在抵挡这种生活方式、面临困境时有更大的力量和勇气。

2020年，北京市发起了一个公益项目——别让童年缺了角。对于一个母亲而言，做全职妈妈还是职场妈妈是一道艰难的选择题。回归职场舍不得孩子，而照顾孩子将面临多年职场的努力归零。自由职业成为母亲平衡工作和孩子最好的选择。在中国经济网一份针对50000名“80后”“90后”的新手妈妈的调查显示，有60%以上的妈妈在做自由职业。

这群年轻的妈妈普遍具有高学历，聪明、智慧、坚强、勇于表达自己，她们在传统的相夫教子和职场打拼的博弈中选择了做数字游民、自由职业者，实现了家庭、职场两不误。

她们在妻子、妈妈的家庭角色和追求事业与个人发展间找到了平衡点，通过自己的努力获得了更多的工作机会和成长空间。自媒体人、自由设计师、自由撰稿人、博主等职业选择是她们和这个世界和解的方式。

成为一名数字游民，要求一个人就是一支队伍，所以对于妈妈而言并不是一件容易的事。在母婴领域，头部大号“年糕妈妈”在最开始写微信公众号的时候，都是等年糕睡着后深夜创作。不做职场妈妈并不意味着轻松和容易，可能选择的是一条要求更高的路。

在打造个人品牌的时候，注意不能使其成为一场自嗨秀，并不是离开职场就能想做什么做什么。自媒体大咖“黎贝卡的异想世界”是很多做自媒体的人都熟知的大号。作为一名传统媒体工作者，文字表达的执念是很难克服的，但是你在她的公众号里会发现，除了文字表达，还有很多赏心悦目的图片及视频。

互联网行业有一句名言，“在风口上，猪都会飞起来”。所以，在打造自己的个人品牌时最重要的是要能够持续高质量地输出，明确自己的风格。

这些都是想成为数字游民的妈妈在个人成长道路上需要考虑的事情，尽管很难，但“女本柔弱，为母则刚”，呵护孩子成长的爱足以让一个母亲迸发出面对任何困难的勇气和力量。

妈妈能做数字游民吗

Susan 的宝宝 3 岁，她一边带孩子，一边做生涯咨询师，同时给企业培训。

明姐生了孩子就辞了职，安心在家带孩子和写作，两年出了 3 本书，成了畅销书作家。

文文有两个宝宝，全家移民加拿大，她开了育儿微信公众号，把自己和孩子的相处日常画成漫画发到微信公众号上，据说不算广告收入，只是微信公众号打赏就能月入过万，成了成功的数字游民，实现了带孩子、创收两不误。

我们看到的这些成绩并不是因为做了妈妈突然就能做到的。对于妈妈而言，一边做家务、带孩子，一边赚钱，是非常不容易的，在这之前她们都有非常深厚的能力积累，知道自己的优势是什么，明白商业规则，了解变现的渠道。

Susan 在辞职前是一名专攻企业内训的知名企业人力资源总监。

明姐的工作一直是自媒体作者和小说作者，并且在圈内小有名气。

文文是从业多年的插画师……

第六章　生活在别处的数字游民

数字游民是另一种生活方式的创造者

如果现在要求你做自我介绍，你会用什么词语描述自己？你会发现大部分人会描述自己的工作履历和工作成就。职称似乎成为一个人的全部，人们似乎忘了工作只是生活的一部分，而不是全部。

工业经济时代最大的特点是让人形成“工作就是生活”的思维定式，这种情况下的人生是“抱了砖我就没法抱你，抱了你我就没法获取财富”的非此即彼，忽略了工作除了养家糊口的物质收获，还有更美好的意义。

关于工作和生活方式选择的艺术大师，笔者最喜欢的是中国宋代的“顶流明星”苏轼。中国人几乎都知道他是北宋时期著名的大文豪，唐宋八大家之一，诗词流传 3460 首。想象一下，就算每天写一首也要花费 3 年时间，何况这只是流传千年后的存量。中国有一道很有名的菜——东坡肉就是苏轼发明的。苏轼写下的“日啖荔枝三百颗，不辞长作岭南人”在脍炙人口之余，也让岭南的荔枝名传九州。他不仅是北宋文学家、美食家，还是著名的书法家、画家，历史治水名人。苏轼一生遭遇多次升迁和贬谪，一生游遍九州，在每个停留的地方都留下了脍炙人口的作品和故事。苏轼面对贬谪始终乐观，对待生活始终充满热情和好奇心，苏轼在成为一名好官外，还为我们留下了有关美好生活方式的践行指南。

工作从来不是人生的全部，只是生活中的一部分；美好的生活方式不是消极和躺平，而是在宝贵的一生中始终不忘生活本身。

2015 年，35 岁的中学教师顾少强留下一封写有“世界那么大，我想去看看”的辞职信，踏上了一边旅行一边赚钱的数字游民生活。网上对于顾少强辞去稳定工作的做法毁誉参半，有猜测她是一个富二代，因此有勇气放弃稳定的工作和收入选择自由的生活。人们言辞激烈的讨论背后，是自己内心深处对于自由的渴望和对于变化的恐惧。

当你羡慕数字游民这种自由、自主的生活方式时，如果只是简单地把数字游民自由的生活方式和自己一成不变的生活之间的差别归结于“有钱”和“没钱”，或粗暴地认为是“出身不同”导致的选择不同，这种归因只能是一种安慰自己的臆想。就像嘲讽王石是“被抬上珠峰”的那群人，他们坚定地认为如果自己花 30 万元也可以登上珠穆朗玛峰，刻意忽略了攀登珠穆朗玛峰不只需要钱，还需要强健的体魄、面对死亡和意外的勇气、克服困难的坚强意志等。

作为美好生活方式践行者的数字游民，他们能够说走就走，能够陪伴家人，能够欣赏许多新奇的风景，这些是他们从来不放弃的根本原因。

数字游民是地理套利者

席卷全球的新冠肺炎疫情让人们不得不待在家中，远程办公作为应急之策被推到台前。人们发现，在老家电脑前工作和在北京工作的内容并没有什么区别，而家乡的生活成本只有北京的一半甚至更少。

翻阅一本喜欢的书，吃着家里可口的饭菜，陪父母聊聊家常，不用 6 点起床、洗漱、化妆，不用地铁换公交去打卡，也不用面对不停上涨的房租，在赚取北京一线城市薪水的同时过着家乡悠闲自在的生活，这是新冠肺炎疫情期间国内远程办公者的生活状态，也是赚取发达国家工资去低物价国家生活的世界数字游民的生活常态。

从古代南货北卖的商业逻辑到数字时代的地理套利，以解决人们问题为基点的古老商业逻辑在数字经济时代焕发出了新的生机。从海外代购同类产品赚取差价到赚取高额报酬去物价更低的国家或城市生活，花更少的钱获得更高的生活质量是数字经济时代地理套利者的底层逻辑。

不同于传统依靠走商贩运的地理套利方式，互联网技术的发展让地理套利的利润来源从线下转移到线上，利用互联网技术完成工作从而获得经济收入的数字游民成为数字经济时代地理套利的最好践行者。

与任职事业单位、工作相对稳定的人分享，他们自嘲工作稳定等同于穷的稳定。对于他们而言，财务自由似乎是这一生也无法实现的奢望。一个月万儿八千的工资，几乎不会有上涨空间，这些钱要养家糊口、要应对人情往来，无论怎么算也常常显得捉襟见肘。在时代的变幻莫测中，稳定的工作从短期来看意味着有稳定的现金流，但是这个稳定建立在企业及体制稳定的基础上，对于个体能否加薪、能加多少、未来发展的空间在哪、公司是否会破产倒闭都是无法预测和解决的问题。对于时代而言，唯一不变的就是变化，在变化中追求绝对稳定是不靠谱的，所谓稳定工作短暂的稳定状态取决于对方而不是自己，这意味着努力不一定有回报，也不一定会升职加薪。

罗科仕一直在强调这个时代不会再出现“包分配”和“铁饭碗”了。从全球角度来看，美国《财富》杂志的报道数据显示，美国大企业的平均寿命不到 40 年、中小企业的平均寿命不到 7 年。而中国的大企业平均寿命只有 7 年、中小企业的平均寿命仅为 2.5 年。美国每年有 10 万家企业倒闭，中国每年有 100 万家企业倒闭。[①] 这些数据不仅表明企业的生命周期短，更说明了做大做强的企业数量非常少。

大多数人面对变化的不确定性都会有恐惧和不安，这是人类面对未

① 选自美国《财富》杂志。

知时的正常反应。人们固有的思维习惯常常让人在决策中陷入“如果发生A情况，就使用B方案，并没有想过同时出现A、B两种情况该怎么办”的窘境。特别是中国的父母对于稳定带来的安全感抱有异常深刻的执念，他们害怕孩子经受过多的挫折和困难，认为一份稳定工作才是稳妥的选择，认为创业或自由职业都是不可靠且充满风险的。

追求稳定和舒适是人类的本能，人们在舒适区能够获得更大的安全感、掌控感，处于极为放松的状态，一旦来到舒适区外，就会感到不习惯和难受。不过，稳定和舒适给人带来安逸的同时，会带来无法面对和适应变化的风险。无论是20世纪80年代的国企改制下岗职工，还是取消高速收费后的收费站的收费员，都曾在稳定中享受舒适而停滞不前，一旦遇到这种不可避免的外界变化就只剩下手足无措的慌乱。

为了生活得更好、更自由，人们要做的并不是离开舒适区，让自己陷入被改造的痛苦，而是通过扩大舒适区，让自己在变化中始终拥有舒适的生活。如何扩大舒适区，享受自由的数字游民的做法值得追求稳定的人学习和借鉴。无论是通过学习获取更多工作机会和生活技能，还是通过合理利用时间提高工作效率，或是通过计划克服拖延症，都是数字游民应对外界变化的实用法宝。在扩大舒适区的过程中，通过对未知事物的深入探索、为他人创造价值，最终实现自我价值。

互联网、大数据、物联网、人工智能等科技使人们扩大舒适区的方式方法层出不穷，对敢于面对变化、积极迎接变化的人来说，和世界产生链接和碰撞成为他们不断打破自我、重新出发的新动力。

地理套利是数字游民获取更高收入、降低生活支出、提高生活质量的重要方式之一。互联网时代的地理套利并不局限于某个国家和地区，它可以在全世界范围内进行。它不只是生活成本的套利，还包含不同国家和地区，甚至同一国家不同城市间的教育资源、商业模式、公共医疗、投资环境、退休养老等方面的套利。

地理套利者需要具备世界公民的意识，转动地球仪能够找到自己的理想生活区域，能够通过不同国家、地区、城市间的差异找到自己的最优选项，利用自身的优势，通过为他人解决问题而获得收益。地理套利最常用的方式有货币套利、住房套利、医疗套利、教育套利、日常生活购物套利、招聘套利等。

陈静（化名）是罗科仕平台合作过的数字游民中玩转地理套利的典型，作为一个 50 岁的女性来说，她的生活方式时常被自己周围的朋友所羡慕。

陈静，50 岁，在成为数字游民前是一家互联网公司的财务总监。她的工作履历见证了中国互联网的迭代发展，对于中国创业者在互联网浪潮冲击下的困惑和痛点深有体会。作为一个母亲，她深知年轻的父母渴望亲自陪伴孩子的心情及面对全职工作和现实生活的无奈，作为一个财务高手，理解创业者对于财税政策及成本控制的困惑。基于自己的经历，陈静开了中小企业财税规划课、财务人员实践班，同时为多家企业做财税规划，她的生活和工作不再局限于一座城市或办公室，常常带着笔记本电脑去物价低、风景优美的城镇体验生活，偶尔和大家分享自己做数字游民的心路历程。

陈静现在生活在中国银川，成为数字游民后大部分时间都生活在那里，距离父母近，能够就近照顾；在北京缴纳社保，享受着北京优质医疗保险待遇的同时，能够享受退休后远高于银川水平的退休金。

另外，她将北京的房子出租，收到的租金足以支付在银川的生活开销。因为银川的物价相对北京来说低了很多，她花同样的钱可以买到更多的东西。

陈静在银川注册了一家财务咨询公司，远程办理全国业务。银川不仅有税收上的优惠政策，而且员工的工资水平低。她在银川当地招聘员工，赚取北京的业务收入。

利用北京的人脉资源，帮助银川当地的企业进行业务对接，从中收取服务费。资源变现和信息差的收入对于创业者而言是一本万利的事情，不仅可以促进旅居地的业务和经济发展，而且可以帮助北京的企业找到更优质、更便宜的供应商。

工作之余，陈静会安排大量时间旅行。作为一个西北人，她最常去的地方是云南、贵州、四川、海南等地的南方小镇，那里风景秀丽、物价低廉，可以一边享受当地的美味小吃，一边随时处理工作。

陈静说，数字游民并不代表要出国，中国本身就拥有许多名山大川，许多城镇的物价都非常低，她调侃自己长着一个中国胃，更喜欢中国的美食。

陈静是一个并没有游走于世界的数字游民，她清楚自己的优势，喜欢国内的生活。中国地大物博，有许多宜居又物美价廉的小城。无论是云南、四川的充满民族风情的小镇，还是海南的海滨小城，那里不仅有美丽的风景、美味的食物，而且有政府给予的各种优惠政策和创业福利，对于数字游民来说，是值得深入探索和生活旅居的地方。

数字游民是交叉授粉者

在自然界中，交叉授粉指植物能够异花传粉、不同个体间可以人工授粉，从而使后代获得其他个体的优势。交叉授粉的物种具有更强的生命力和适应性，能够主动筛选更优质的基因和资源，形成强强联合的效果。这种特性用来形容数字游民的生活状态和角色十分贴切和形象。

对于数字游民来说，他们善于学习，具备非常强的举一反三和创新能力，能够跨时空、跨行业、跨区域进行联合动作，不仅可以带动自身发展，而且能够促进整个行业的发展。数字游民往往扮演多重角色，在角色和任务中能够切换自如。他们是儿女、是父母、是创业者、是优秀的伙伴，也是独立的思考者。数字游民是一种能够多角度、全方位思考的群体，能够在角色切换中考虑全面，在工作和生活中为他人和行业带来正向的引领和影响。

我们称数字游民是互联网时代的交叉授粉者，为了更加形象地描述交叉授粉者，我们对心能源创始人李晖先生进行了深度采访，也许你可以在与李晖先生的访谈中理解交叉授粉者的内涵。不同于辞掉工作的数字游民，李晖目前的工作状态是寿险团队远程负责人、心能源微旅行形态的创始人、寿险文化和传统文化结合的研究者，他期望能够打造数字经济时代的保险与家庭之间、保险与保险从业者之间的正向幸福业态。

特约访谈——心能源创始人李晖

问 你来自哪里？现在常居地是哪里？在做什么工作？

答 我来自大家称为帝都的北京，现在和妻子常住北京，是地道的老北京人。现在的工作主要分为 3 个部分：

全职寿险团队负责人：就职的公司在北京市中心王府井大街，日常选择在家或北京的一些旅游景点的休闲区办公，通过远程沟通和同事协作，妻子也是寿险行业从业者，5 年多的经历让我喜欢上这种节奏的同时，开始思考传统寿险营销文化对于从业小白的影响及行业的底层逻辑与内涵。

心能源微旅行工作室的创始人：微旅行是 2015 年作为个人兴趣尝试的项目。北京是一个有明清两代文化积淀的古老都城，也是中华人民共和国成立后的国家首都，有非常丰富的历史文化遗产。作为国际化都市，北京有大量的公园、博物馆、文化馆、天文馆等值得人去参观游览的地方。但是许多在北京的人却没有心境去看、读北京。大家步履匆匆，对于北京的认识浮于表面。我想让更多人读懂北京，去巷子里漫步，去博物馆里和历史对话。我常常组织小型的团队去探索北京，在历史和自然中获得能量。现在这个项目获得了大家的认可，也希望更多的人找到探索北京的乐趣，能够真正感受到这座城市的魅力，这是一个有故事的城市，在其中的人也是有故事的人。

寿险文化与传统文化融合的研究和作品呈现：这项工作正处于尝试阶段，我认为传统寿险营销文化和中国传统文化有非常多可以结合的点，对于寿险从业人员的发展和未来有指导和借鉴意义。工作的本质应该是为了生活更美好，过去寿险文化的鸡血式管理对于初入职场的年轻人造成的影响和挫败感值得我们反思和关注。我相信寿险营销文化未来和传统文化的结合是值得期待的。

问 从什么时候你开始意识到自己会成为一个数字游民并开始基于互联网创业的？

答 我在保险行业工作了 26 年，带过许多团队，迎来送往了一拨又一拨人。保险业应该是最早鼓吹自由职业的行业，不用坐班、不用打卡考勤。事实上，保险业有非常严苛的业绩指标和等级文化，这让我逐渐感到不舒服，也找不出哪里不对劲。成为管理者之后很多年，我开始了心能源团队建设和北京微旅行的项目，将客户或团队成员带到北京许多文化场景中进行沟通和服务，大家的反馈非常好，让我看到了一种新的工作状态。

从 2015 年开始，我和妻子喜欢上这种一边旅行一边工作的状态，很少再去办公室了，多数工作都在线上远程进行。那时候我们并不知道自己是个数字游民。后来，在和罗科仕数字游民平台创始人聊天中才知道这种工作生活方式叫数字游民。为此，我更加深入地去探索，希望在原有工作基础上拓展工作的内容，并且能够真正帮助到他人。

问 你选择数字游民创业的定位是什么？

答 在已经从事的工作基础上开发了心能源和微旅行项目，就是帮助客户和从业者在旅行中完成自我对话：获得业务成交和学习提升。因为我是北京人，热爱北京文化，希望把北京的旅游和文化分享给更多人的同时产出价值。把北京旅游中心、餐饮、文化项目等链接在一起，让更多的人了解北京、热爱北京。同时，把这种方式推广到全国各个城市，形成一个旅游网络，同时在中国支持商业保险的背景下，将传统寿险营销提升到更人性化、更快捷的高度。

问 你为什么会选择这个定位？

答 第一，有痛点。我从事保险业26年，对于传统保险行业的人员招聘和人才流失理解深刻，对客户关于保险的心理了解。双方实际上都是缺乏生活的人，在沟通中常常处于对立面。通过传统文化和微旅行创造一种放松的状态，能够让双方更加平静理智地思考和沟通。

第二，有经验。近30年的从业经验，无论是从政策战略上，还是保险包含的金融、法律知识，都烂熟于心，能够深入浅出地将业务和生活结合。

第三，有兴趣。兴趣是最好的老师，我本身喜欢旅行和传统文化，有信心将传统文化、旅行、保险业务链接，带着多元化的工作和生活方式走得更远。

问 你对于现在和未来的现金流规划是怎样设计的？

答 一场疫情更加验证了现金流的重要性。我的现金流主要有三个来源：一是传统文化和寿险结合的课程录制获得的打赏和广告分成；二是保险业务成交提成；三是微旅行项目中涉及的餐饮、旅游中心的会员制优惠返利。以一个为中心，多渠道拓展。

问 你认为一个数字游民最重要的技能和品质是什么？

答 永远对世界拥有好奇心，有敢于尝试新鲜事物的勇气，有较强自学习能力及自律、沟通能力，保持运动习惯。

问 请你谈谈数字游民的未来。

答 数字游民作为灵活就业的一种方式，对于国家就业形势有积极的促进作用，为国家创新创造热情注入了活力。对于我这个年龄的工作者来说，因为互联网对时间和空间的延伸，突破了年龄对于职业的限制，能够得到更多职业自由、奇妙的人生体验，实现“工作让生活更美好”的理想状态。我相信未来中国的数字游民群体还会不断壮大，为数字游民服务的平台和国家的支持鼓励政策也会更加完善。

李晖是中国万千数字游民中跨行业、跨领域发展的一员。数字游民在数字技术的发展背景下，成为不同行业和人群的交叉授粉者，为促进和稳定就业及不同行业之间的链接增添了助力，也为职业发展的多样性提供了更多思路。

数字游民是迷你退休者

最近我的一个朋友退休了，55 岁，有时间且有钱，那些她一直念叨的旅游计划、美食品尝计划一样也没施行，说要等孩子结婚了再考虑。许多人的一生就像这位朋友一样是等待的一生，等不忙，等下次，等将来，等有钱、有时间、有条件……

传统退休是等待的结果，即便退休后不再等孩子结婚、等照顾孙辈，面对不再旺盛的精力也不一定能够实现环游世界或财务自由的梦想。中华遗嘱库的数据显示，现代人的工作强度和生活压力，使能健康活到退休年龄的人没有大家想象中那么多。想想自己身体的亚健康状况和越来越年轻化的心脑血管疾病，人们早已经在压力中丧失了生活激情和工作乐趣，能否迎来理想中的“安度晚年”是个未知数。

“我们那个年代的年轻人，老板就是要让我们干干干，结果现在……”“经济崩盘了是吧？”这是日剧《我要准点下班》里的一幕。我们相信中国经济不会遇到日本的崩盘情况，但准点下班成为奢望的今天，依然使我们陷入了无法停止工作的焦虑怪圈。

从成为数字游民到创建罗科仕数字游民平台，我们一路遇见了许多能够每年拿出一个月或几个月时间去旅行或学习充电的人，他们在这段时间为自己充电，这是他们为自己创造的职场空白期。这种短暂的离开职场环境在人生最好的年华里探索世界、发现自我的生活方式，是数字游民圈里非常流行的迷你退休。

不同于传统退休的等待和无奈，享受迷你退休的人能够最大限度地提高工作效率，在最短的时间内完成工作，把省下的时间用来和家人、朋友相聚，进行短期旅行。对于企业雇主来说，迷你退休者的高效率工作远比待在办公室耗工时等待假期的员工更加有活力。

人们常常用“自己太忙了，工作太多了，时间根本不够用”的理由为自己开脱。鲁迅先生说过：“时间就像海绵里的水，只要愿挤，总还是有的。”践行迷你退休生活的数字游民将时间利用到了极致，通过不断提升效率去工作。中国有句古话：“磨刀不误砍柴工。”有时候让自己停下来思考后再出发，比一直负重前行更有效率。

现代社会的生活节奏让人们以为，只要自己慢一步人生就会失败。对于人生失败的恐惧和焦虑让职场人陷入无休止的熬夜加班状态，即便是等到节假日出游，也处于一种被追赶的急躁中，恨不能 7 天能够游遍 5 个国家。事缓则圆，有时候，你只有慢下来才会发现自己拥有某个在领域实现超越的机会。为了工作而工作、为了旅游而旅游的焦灼不应该是人生的常态。

你可能会担心旅行归来找不到好工作或失去工作怎么办，这样的担心大可不必。当你能够带着放松和思考去旅行，在旅行中打开你的视野、增长见识，对于工作而言只会是增加了一份助力而不是阻力。“铁饭碗”的意义从来不是在一个地方待一辈子，而是走到哪里都有饭吃。

人们羡慕的迷你退休者并不都是百万富翁，但他们享受着百万富翁的生活。假如，你和你的朋友收入一样，你在北京每天加班到晚上12点，一个月下来，房租、吃饭、日常杂费除去后所剩无几，除了两点一线的生活，北京城长什么样也不知道；你的朋友每天只工作5~6小时，生活单纯还有余钱储蓄，拥有旅游、约见朋友和陪伴家人的时间。两人同样的收入却过着截然不同的生活，这种差异是不同的生活方式选择带来的。

数字经济时代，对于财富的衡量标准不再是单纯的数字，而是财富带来的生活体验和时间价值，这是数字游民迷你退休者的逻辑。

如何开启自己的迷你退休生活？罗科仕数字游民服务平台通过大量的调研和访谈，得出了迷你退休者在开始迷你退休生活前需要建立的两个认知：第一，迷你退休不是偷懒或躺平，而是需要有更高的工作效率和更强的能力来挤出时间。第二，迷你退休者需要从外在物质到内在精神做断舍离的削减，让自己处于一种简单的状态，极简的生活能够让自己不被外在物质和外在评价束缚。

对于上班族来说，可以先从提高工作效率准时下班开始尝试迷你退休；对于从事互联网行业的人来说，可以和老板协商通过远程办公的方式体验迷你退休生活；对于有寒暑假的学校老师来说，天然具备迷你退休的优势，不仅可以利用寒暑假进行充电旅行和学习，还可以利用周末时间进行短途旅行，在旅途中发现和遇见更好的自己。

数字游民是迷你退休的拥趸者，他们选择了一种高效的慢生活——工作高效、生活浪漫。

给自己一段空白期，在和自己对话中重拾生活的激情，是大学老师王慧（化名）的选择。

王慧是一名大学老师，她已经到了退休的年龄。实际上她今天的退休生活早在5年前就开始了。那时她常常憧憬退休后去游览名山大川、去见识更广阔的世界。直到5年前，她被诊断出乳腺癌。那种可能根本活不到退休的可能突然出现，让她开始思考为何不从现在开始体验退休生活，看是否和自己想象中的生活一样。出院后，她在每个寒暑假和没有课的时间开启自己的迷你退休生活——写作、旅行、尝试制作美食……

而真正退休后，她又被学校返聘继续教学事业。她曾经那样盼望退休离开工作岗位，却在真正退休后继续工作，和学生在一起，闲暇时享受自己的迷你退休生活。

面对王慧老师的选择，会有这样的疑惑："既然退休了为什么不好好享受生活呢？"

王慧老师说："当你找到自己热爱的事情，永远也不会想退休。教育是我热爱的终身事业，在学生中间我感受到朝气蓬勃的青春和活力，闲暇时向他们学习去体验不同的生活和拥抱这个世界的变化。"

王慧老师享受她热爱的教育事业，她认为退休并不是从某个年龄突然切断与工作相关的一切。事实上，她已经退休了，将退休生活分配到整个人生，交替工作和生活，在这种迷你退休状态中实现自己的梦想。

很多人把退休当成劳累的解脱，而梦想一定要等到某个时间段去实现。把人生分成辛苦工作和退休黄金时期，事实上，有些事你现在不做，以后也不会再做了。你的精力、兴趣、体力都会随着时间的流逝发生巨大的变化。于是活在当下的人们尝试从现在开始把退休分解成若干个阶段，在旅行和读书中找到真正的心之所向，在努力工作的同时，去实现自己的梦想。

数字游民的叠加态生活

1998 年，数字游牧民族以 21 世纪新人类的形象在法国政治和经济学学者雅克·阿塔利的著作《21 世纪词典》中登场，书中对数字游牧民族的解释为："现代人为了提高生活质量而改变生活方式，选择自己喜欢的地方生活。"如果 20 多年前预测的数字游民是依靠改变生活地点提升生活品质的人群，那么移动互联网时代的数字游民的生活方式所包含的内容则更加丰富。

2010 年后，智能手机及各种可移动互联网设备的出现，让人们能够随时随地体验面对面沟通的理想成为现实。数字游民追求生活质量的方式不再局限于更换办公地点以获得不同的生活体验，互联网让跨行业、跨领域的链接和互动变得越来越普遍。数字经济时代的数字游民不是单纯的时间自由者，而是能够更加灵活、高效地管理和使用时间的新族群。

2012—2015 年，任职于摩根士丹利同时被誉为"互联网女皇"的玛丽·米克发布了 5 份主题为"重新构想"（Re-Imaging）的《互联网趋势报告》，该报告中阐明了 Facebook 、Twitter、谷歌、苹果、亚马孙等老牌互联网企业和许多新兴企业关于互联网对生活方式的改变和趋势的意义。这份用"新设备＋互联＋用户界面＋美学公式"罗列的互联网时代的重新构想，经过近 10 年的发展，证实了互联网对于新闻、图书、音乐、艺术、设计灵感、声音、家居、娱乐方式、家庭活动、旅行、购物习惯、货币使用等的颠覆，改变了人们对于工作和生活的认知和理解。

在世界互联网将地球链接成地球村时，1 秒的时间人们能够知道地球另一端的新闻。微信红包、滴滴打车、58 同城、美团、阿里巴巴等企业和应用程序的合并及创新使中国互联网发展的活力和实力得到了凸显。《互联网趋势报告》中关于"社交＋移动互联网"的预测，在中国国家战略和政策的支持下，中国已经成为全球移动网络社交使用人数最多的国家。

中国的互联网基础建设已经处于世界领先水平，在互联网大国的背景下，中国互联网创业机会和创新人才层出不穷。数字游民作为中国互联网时代的受益者，他们的创新能力和跨行业发展能力为经济创造创收和政府稳定就业提供了巨大支持和助力。

高铁上随时打开电脑办公，吃饭时也可以随时回复工作消息，各种办公软件和社交平台交替使用和切换，是人们在移动数字时代的叠加态生活现状。面对这种叠加生活，是疲惫、苦恼、疲于应付还是合理规划？能否充分利用科技的优势实现工作和生活的平衡？相对于叠加态生活和职场的被动选择，数字游民的生活方式完美利用数字科技和时间规划打破了叠加态生活慌乱的魔咒，将忙碌的生活变得井井有条、从容有趣。

杨米（化名）是一位新晋妈妈，同时父亲患有轻度阿尔茨海默病，她还是一家影视公司的后期主管。一边哄孩子，一边接视频会议，还常常需要去派出所领回找不到家的父亲，是杨米的日常生活和工作。叠加态的生活和工作压力在杨米身上体现得淋漓尽致。

但是，杨米十分庆幸自己能够生活在这个网络时代，如果身处互联网之前的时代，她无法同时兼顾工作和家庭，将会真正面临“抱砖无法抱孩子，抱起孩子无法养家”的窘境。

作为靠脑力工作和使用网络就能交付工作结果的数字游民，杨米在叠加态的生活中，高效地利用时间做了一些技巧总结。

首先关于移动设备，在家里或公司网络稳定的情况下使用笔记本电脑。如果出门半天或有 1 天的短期活动，一部智能手机就足够了。原来在电脑上才能用的办公软件，现在基本上都实现了手机上通用。

其次对于办公中的沟通，因为杨米的工作主要还是在国内，基本上利用微信、QQ、腾讯会议、钉钉会议等。

再次是像上班一样和团队明确自己的工作时间，以便双方协调。数字游民并不是要脱离社会关系、脱离规则，而是根据自己的需求制定规则并严格执行。充分利用好自己最优质的时间，和同事进行同频的交流，为对方带来方便的同时减少数字游民个体的孤独感。

最后在家庭生活中，提前和家人沟通好自己的工作需要及作息习惯，获得家人的支持、理解和帮助，确保能够顺畅工作没有后顾之忧。这是许多中国数字游民或远程办公者成功的重要因素。

杨米的数字游民生活在多种身份和角色的叠加切换中做到了一边陪伴孩子成长，一边获得经济收入和职场发展。更重要的是，杨米并不是人们认为的富二代或豪门，她是一个普通人，既没有丰厚的身家背景，也没有天降奇迹。作为员工、妈妈、女儿，杨米也曾在多重身份中慌乱无措，也曾在面对选择时迷茫困惑。最终，杨米在数字游民的生活方式中找到了工作和生活的平衡，不仅找回了工作的热情，而且获得了对自我价值的肯定，成了一位幸福的妈妈。

穿越时空的“徐霞客”

《徐霞客游记》，出自被称为“千古奇人”的明代旅游家、地理学家徐霞客。400 多年前，徐霞客用双脚丈量了中国，徒步走遍了今天中国的 21 个省（市）。曾有网友在 2007 年携带《徐霞客游记》追随徐霞客的足迹，横跨中国 5000 多千米，可见当年徐霞客的旅途之广。徐霞客在今天被人们誉为“游圣”，不仅成了当代旅行者的楷模，而且开创了旅游业先河。

30 多年的旅途，这个一直在路上的户外运动者，对于中国岩溶地貌、喀斯特地貌、丹霞地貌的发现和命名做出了巨大贡献。直到今天，徐霞客仍然被许多户外运动爱好者、旅游达人奉为先锋和知音。

茶弦[①]在写《徐霞客山河异志》时，曾在徐霞客旅行路线的探寻中尝试徒手爬过一座小丘。他说那种害怕掉下去，又害怕上去后下不来的担忧，不仅涉及体力，更涉及心理素质。这种为了理想锲而不舍、义无反顾的执着令人动容，我们只有经历过才知道前人的不易，让我们在榜样的身上获得坚持理想的勇气。

徐霞客的人生经历告诉我们，想要成为一名旅行者，不仅需要有坚定的心智、面对挫折的勇气、克服困难的能力，而且要有健康的体魄，这样才能至幽秘之境、踏罕见之途、见识到别样的风景。

现代社会，人类已经可以翱翔天空，甚至可以开始宇宙之旅，人工智能的阿尔法狗战胜了棋圣。科技的进步，让我们有了更多探寻幽谧风景的机会，有了更多体验不同文化和地域环境的便利。据记载，关于徐霞客的旅途源自他母亲的支持和鼓励。科技的进步是为了让生活更美好、让感情更亲密，面对时代的变化，人们对美好生活的追求和实现离不开家人和朋友的理解、支持、陪伴。

今天，数字游民成了现代徐霞客。他们虽身处激烈的竞争环境，但依然向往自然和生活本身的美好。他们践行着徐霞客的人生哲学——人的一生只有一种成功，那就是按照自己喜欢的样子过一生。那些走在路上的日子成为滋养人生的养料，现代交通工具的便利不仅有助于人们游历国内的名山大川，而且可以跨越海洋，去看更壮阔的风景，见识更广阔的世界。

中国数字游民的数量在新冠肺炎疫情后呈现井喷式增长。越来越多的人尝试数字游民的生活方式，工作、创业、旅行、美食、探索，多种生活的从容叠加是他们的生活特点。

---

① 茶弦，作家，作品有《徐霞客山河异志》系列、《轩辕诀》系列。

> 圈内人称“金融徐霞客”的胡章是金融圈的旅游达人，在沈阳证券圈内小有名气。他在旅行中研究金融政策和行情，写出多篇投资类文章，让证券投资小白能快速理解并学习如何规避风险。
>
> 胡章是面临退休的“60后”，但是他心态年轻。他自述自己的性格刚硬，学不会溜须拍马那一套，最终选择离开让人羡慕的市委工作，选择做一个一边旅行一边做金融的自由职业者。他向往自由和自然，在旅行中不仅收获了爱情，而且收获了一大批粉丝。
>
> 胡章的数字游民生活在他知道这个概念前就已经开始了。移动互联网的发展更加便利了他的旅行和工作，原来笨重的笔记本电脑早已经换成了超薄便利的移动设备，甚至一部智能手机就可以开始工作。现在的胡章不仅走遍了祖国的大好河山，而且会组织朋友和户外运动爱好者到未开发地区进行深度游。他将徐霞客视为自己的偶像，得益于现代科技的发达，近60岁的胡章依然身体轻盈矫健，不断在探索自然中体会生命的美妙。
>
> 在探索中不断反思自己的工作，对于工作的热情和劲头比以前更足了。旅途中收获的爱情，使他们有相同的兴趣爱好、相同的生活理念，胡章的生活真是羡煞旁人。

无论是胡章，还是前几年那个写下“世界那么大，我想去看看”的顾少强，或是千千万万将生活和工作融为一体，以热爱为原点不断出发的数字游民，旅游只是一种自由表达的方式，而游的状态是一种生活态度。无论是游还是不游，最终的目的是拥有更加幸福的人生。

工作的本质是回归

对于工作的本质，古代先贤和近代管理学大师都有许多阐述。古罗马哲学家西塞罗说："耕种心灵，产生文化。"日本管理学大师稻盛和夫说："工作能够磨炼人性、磨砺心志，工作就是人生最尊贵、最重要、最有价值的行为。"白立新[①]说："工作是磨炼自己的道场、成就他人的舞台，顺便展示才华，并养家糊口……"

工作应该是一种和自己心灵的对话，是和这个世界链接的桥梁，而不只是养家糊口的工具，无论什么工作，它应该是属于一个人的行为艺术。

工业经济的发展将人们推入城市的建设和竞争，脱离土地的同时也脱离了家庭和生活的环境。母亲和孩子分离，孩子的童年缺少父母的陪伴；异地恋和异地夫妻产生，导致越来越多的情感危机发生。这些缺失和动荡令人充满不安，以至于上班越上越累，距离幸福越来越远。有关数据显示，中国有 1743 万名儿童面临早期发展不良的风险，父母在外工作，孩子成为留守儿童隔代抚养问题频频。这些孩子面对风险和问题的情况煎熬着每对父母。

如何让工作不再成为生活的对立面，让孩子有爸爸妈妈的陪伴，让父母有儿女照顾，让女性不再因为生育焦虑，让自己能够在工作中找到乐趣，在工作的修行中收获激情，问题的答案只有在工作的本质中挖掘。回归工作的本质是我们在职业探索中要深入研究的课题，也是罗科仕数字游民平台成立的初衷，帮助更多人提升自己，实现工作的自由生活，收获幸福家庭和幸福人生。

对于企业来说，数字游民工作团队的建立有助于节约人力成本、减少固定支出、提升团队合作的灵活性和效率。与罗科仕合作的企业提供

---

① 白立新，浙江大学工学博士，曾任职IBM等公司，是北京知行合一阳明教育研究院创始人。

的数据证明，与数字游民团队合作使企业的平均人效提升了 30% 以上，成本降低了近 40%。未来企业发展中，数字游民的合作模式将会成为越来越普遍的用工模式。

特约访谈——嘉年华影视公司 CEO 张女士

我们和嘉年华影视公司的 CEO 张女士访谈后，对于数字游民回归工作本质的前景和趋势更加有信心了，也让我们打造数字游民服务平台的决心更加坚定。

问 你的公司现在是什么规模，是什么促使你将员工变成合作者的？

答 公司目前全职人员 30 多人，主要是公司管理人员和职能人员。公司的后期制作团队和编导团队目前都已经变成合作方式。在新冠肺炎疫情前，公司大概有 70 人，对于影视创作公司来说，这个团队规模已经相对较大。新冠肺炎疫情期间我们也采取了远程办公模式，主要是视频的脚本编辑和已经拍摄的视频素材剪辑。然而，几个月的远程办公后，我们发现大家不到办公室也不影响工作进度，并且员工也觉得不到公司上班后自己的工作效率更高了，心情也好了。经过大家商议，我们就将这两个团队变成了合作模式。不提供基本工资，但是给大家交社保，在业务不足的时候，他们也可以接自己的活，这在行业里本来也不是秘密。

这样一来，还是熟悉的团队，大家因为不再天天见面反而减少了许多矛盾和摩擦，员工的情绪内耗也不存在了。今年计划换个小一些的办公室，减少固定成本支出。而按业务量付费的合作模式大家也更加卖力，根本不用催结果，他们比我更着急。

对于我们这样的公司，尤其是现在网络发达，基本上所有内容都能网上传递，非常适合这种合作模式。但这种合作最好找已经合作过、磨合过的人一起做事，这样能够减少许多沟通成本。

问 和数字游民合作最大的好处是什么？

答 自从雇佣变成合作，大家的工作积极性提高了。原来一个员工距离公司 1.5 小时的路程，远程办公后，她每天节约了往返 3 小时的时间，工作效率得到极大提高。大家的情绪问题少了许多，不见面减少了矛盾和摩擦，管理成本降低了。公司有更多精力放在业务开发上。

问 与数字游民合作最大的顾虑是什么？

答 前面说过，如果是合作模式，最好是选择已经合作过的人。这样不仅能够减少沟通成本，最重要的是你知道对方的水平，对能力和结果交付比较放心，知道不会因为对方的问题耽误工作进度，这是选择合作模式要重点考虑的因素。如果是陌生人，合作来源非常重要，主要渠道是熟人介绍，是否有足够的信任背书。最担心的就是对方不靠谱。

问 你选择过与不认识的人一起工作吗？通过什么渠道找到他们的？

答 因为影视行业本身会有很多短期项目，一个视频或电影拍摄，都是一个临时搭建的项目组，所以临时组建团队很正常。目前最常用的就是熟人介绍，还有一些如罗科仕这样的能够提供信任背书的平台。当然罗科仕对我们的了解也非常多，会为合作的人提供收益保障。

问 你认为未来影视行业的人才团队是什么样的？你的规划是什么？

答 未来科技的发展，每个人都会掌握多种技能。这种能力交换将会是影视行业未来发展的方向。影视公司应该会成为专业人才的平台，相互之间交换项目资源和人才资源。

对于和数字游民合作的企业来说，这种远程工作的方式并不适合每家企业，并不是特定某个行业，而是企业对于新技术的使用和灵活高效的工作理念。企业数字化转型意味着不再执着于管理的权利，让工作回归创造幸福生活的本质，企业雇主不再用在岗时间而是工作结果作为衡量标准，这对于企业雇主来说是一场思想革命。

至今还有很多企业在挑选候选人时将女性是否结婚、是否生育作为考量标准，甚至有企业在女员工入职时要求签署“24个月内不能怀孕”的承诺书。这些规定和看不见的“性别歧视”都让女性在就业市场中的境遇变得极为艰难，这种区别对待是现代职场女性的焦虑来源，她们不敢结婚、不敢生孩子，因为生孩子大概率意味着失去工作机会。

中国作为人口大国，面对老龄化的加剧，国家在实施延后退休政策的同时提出鼓励生育三胎的政策，为此国家出台了多项向女性生育权倾斜的措施。尽管政策支持和鼓励，大多数私营企业的女员工仍会在休完产假后被以各种理由解雇，企业雇主认为女性生育孩子后就不能够将全部精力投入工作。这种对于婚育女性的区别对待加剧了女性恐婚、恐育的情况。

成为妈妈是女性的母性本能，而工作压力导致她们不敢面对这种生育风险。远程工作和数字游民的出现为女性就业创造了大量的工作机会和就业空间，同时解决了女性家庭和工作不能兼顾的困境，让她们在母亲的角色里感受到幸福，也能够积极响应国家的生育政策，为国家培养建设者和栋梁。

已经生育“二胎”的李俏（化名）已经成为数字游民3年了，她每天为孩子做的花样早餐放在网上后，已经吸引了几十万粉丝。李俏非常喜欢孩子，之前因为工作压力不敢要孩子，还担心自己年龄大会影响生育能力。但成为数字游民后，她对于孩子的陪伴和照顾让她发现了更多的生活乐趣。

李俏曾是一家集团公司的策划部经理，负责公司的项目方案策划和公司品牌文案策划等。她是一个工作狂，加班加点是常态，为此常常透支自己的身体。她内心无比渴望生几个孩子，带着孩子们去认识这个世界。

但是随着她的第一个孩子出生，休完产假后回到公司，明显感受到领导对自己的态度有了明显变化。她每天有 1 小时的哺乳假，她家距离公司不远，基本每天都会回去喂奶。尽管并没有明说，但是李俏在工作时会牵挂孩子是初为人母的常态。最终李俏选择了辞职。

生孩子前处在事业上升期的李俏是公司的骨干、领导的好下属、同事信任和佩服的对象。生孩子后却变成一地鸡毛，工作和生活一团乱麻。离职后的李俏也曾迷茫不安，不知道未来怎么办?

后来，在一次线下活动中她了解到罗科仕平台，一个为高技能人才提升自己找寻工作机会的工作平台。李俏在活动中找到了对口的工作，只用在家通过线上会议沟通来做方案和内容即可。随着作品名气积攒，她的工作越来越顺利。李俏成了一个兼顾家庭和工作的数字游民。

成为数字游民后的李俏，不仅可以陪伴孩子，而且能够捡起自己热爱的写作。不再和人争得面红耳赤，也不用考虑同事之间的复杂关系。后来她又生下小女儿，每天看着粉嘟嘟的两个孩子，母性的柔美和成熟笃定的心态让李俏的先生更加疼爱她，生活如蜜里调油。

李俏说："我喜欢自己的工作，但之前上班的时候总觉得有哪里不对劲儿。成为数字游民后，我知道了上班时是一种将自己出售的感觉，充满了紧张和焦虑，有点像一身文武艺卖与帝王家，总担心被辞退、被替换，没有安全感，只能一直往前冲。”

移动互联网时代给了我们太多机会去实现自己的价值。只要有能力，以后再也不会担心失业了。李俏还考虑在工作之余继续进修，希望成为像可可·香奈儿女士那样的女人，一生不畏艰难、从容优雅。

数字游民是一种生活方式，将自己置身于更大的生活体系中，不再局限于一方格子间或房间。对于女性和临近退休、已经退休的人而言，数字游民为他们打开了新世界的大门。有句话说得特别好：理想的人生应该是和喜欢的一切在一起。很多时候我们总是将热爱和工作分成不可共存的两部分，既没有时间做喜欢的事情，也没有状态去提升工作能力。内心和现实的分离状态除了导致我们内心的焦虑和不安，不能带来任何益处。

做热爱的事，热爱所做的事，是工作的境界，也是人生的境界。

数字游民将改变未来

数字游民将改变国家未来职业发展方向，成为实现共同富裕的中坚力量。数字游民的发展，将成为助力国家 GDP 增长的重要组成部分。

数字游民将改变国家发展未来

政府稳岗政策两条腿之一——灵活就业

相对于传统就业而言，灵活就业的方式更加多样。无论是季节工、弹性工时或阶段性工作，人们在时间支配上更加自由，解决了目前就业困难的局面。

而政府对于“互联网 +”、平台经济的大力支持和对养老、托育、家政领域的关注，加速了生活服务业的线上线下融合及共享用工和灵活就业平台的发展，像罗科仕这样响应国家政策号召崛起的灵活用工平台将会不断涌现。而罗科仕基于多年来在人力资源领域的探索与积淀，专门为灵活用工群体中的数字游民提供合法、合规的用工培训服务。

通过互联网、共享经济、大数据等，集人力成本优化和人力资源共享于一体，业务范围可全面覆盖互联网、共享经济、终身职业成长、新零售、金融等多个领域。

数字游民打破资源限制

数字游民打破了人力资源的空间限制，打破了时间限制，打破了年龄和性别限制，打破了行政限制，打破了行业限制，打破了体制机制限制。

在过去，一个三线城市的企业如果想要找一个北京的律师咨询，只能通过去北京见面的方式实现。中间不仅涉及出行、住宿、吃饭等问题，而且可能出现双方各方面不匹配的问题，长途跋涉之后还有甄别认定的问题等。但是数字经济时代，视频技术和互联网信息传递技术的快捷高效，各种自媒体信息的广泛，让你无论在哪里，只要有网络就能轻松找到你需要的律师，满足咨询需求。

当远程工作被普及，数字游民群体越来越大后，大量专业知识和优秀内容被快速传播，优秀人才能跨越物理距离为有需要的人提供服务，这对于原来想要获取这样的信息十分困难的情况而言，更有利于全民学习和传播。

例如，在bilibili很火的“法外狂徒张三”的创造者罗翔[①]，是中国政法大学的教授。以前要想听到他关于刑法解释的课程，你需要考上他的研究生才行。现在，无论你在什么地方，只要有网络，只用一部手机，就能轻松看到、学到原来难以获得的知识。这种高端人才资源的使用被互联网降低了成本和门槛，打破了地域限制。这种对于人才资源使用的

① 罗翔教授：中国政法大学刑事司法学院教授、刑法学研究所所长，主要研究领域为刑法学、刑法哲学、经济刑法、性犯罪等。

改变，对于地方经济的带动和发展，是不可估量的。

互联网将世界连接在一起，数字游民无论身处何地都可以随时工作。中国的软件工程师可以为硅谷当码农；三亚的旅行者可以吹着海风晒着日光浴为冰天雪地的哈尔滨企业撰文；边陲小镇的青年可以一边田园牧歌，一边设计上海外滩的灯火；医生可以同时是曲作者；律师可以同时做飞行员。

传统社会的人力资源壁垒被互联网打破，数字游民以最优的方式重新配置社会资源。

降低试错成本，提高“双创”热情，加速国家经济发展

数字游民的出现极大地降低了创新的试错成本。

招聘流程加快，利用数字游民平台就可以快速过滤掉不适合自己的人员，能够更加高效地匹配发展需求，为企业自己的新人提供成长的时间和机会。

灵活控制用工成本，降低人力资源浪费，提高人力资源能效。同时，传统雇佣关系改变，减少劳动关系约束，双方以目标为导向更加自由、高效地合作。

人力成本降低，人才招聘加快，企业有更多的资金和时间去开发新项目，实践新的创意。

提升女性生育意愿，响应国家三胎鼓励政策

工作和生育的两难选择是现代女性所面临的现实问题。

尤其是对于高技能女性，在面对婚育和事业的选择时，困难程度会呈倍数增加。2021 年，北京提出“别让童年缺了角”的公益倡议，关注乡村留守儿童和女性就业问题。这充分说明女性在就业选择上，因为孩子和家庭，职业选择面更窄、发展空间更小，这导致越来越多的女性不愿意结婚生育。

人口统计资料显示，我国在高峰时期新生儿出生数持续多年在 2000

万人以上，计划生育后开始下降，自 2015 年出现明确拐点，2020 年已剧烈下降至 1000 万人，预计 2021 年出现断崖式下跌，人口结构将呈现陡峭的倒锤头型。[①] 若任其发展，未来社会的危机将无法想象，西方很多发达国家因人口结构导致的社会问题殷鉴不远。所以，提高生育率、减缓人口陡然下降趋势已经成为摆在全国人民面前的一道重大难题，迫在眉睫。

数字游民的生活和工作方式，使得职业女性最大限度地兼顾了家庭和工作，极大地提升了女性的生育意愿。

前文提到的 Wendy 的故事是一个生育后被动选择的案例，下文张老师的故事则是一个主动选择的案例。

张老师是一名视频剪辑师。她的工作性质属于忙的时候特别忙，闲的时候特别闲，忙闲情况根据公司的业务情况而定。她在新冠肺炎疫情期间怀孕，生下了可爱的女儿。因为新冠肺炎疫情，公司通知员工居家办公。

她在怀孕、休产假期间，接了几个剪辑的工作。

生孩子和工作同时进行，让她既没有因为生产和社会、职场断了联系，又因为有工作分散注意力，减少了孕产期激素变化带来的焦躁和抑郁。

疫情得到控制，她也休完了产假。此时，张老师选择辞职成为一个数字游民，在带孩子的同时接一些工作订单，偶尔带孩子出去旅游。

她非常享受现在的工作节奏，不再局限于为一家公司工作，能够根据自己的时间调整订单数量、安排工作节奏，有更多时间和精力陪伴孩子成长。

如今的张老师在选择成为数字游民后，兴致勃勃地准备生

① 选自《第七次全国人口普查公报》。

二胎。她本就是一个非常喜欢孩子的人，抚育孩子、陪孩子成长的幸福让她更加珍惜眼前的生活，国家提倡的三胎生育政策，更让她对未来充满了憧憬。

应对老龄化来临的困境，数字游民成就终身职业

我们曾研究过日本，我们称日本的近20年为失落的20年。为什么日本以前没问题？第二次世界大战结束早期，日本的经济是上升的。第二次世界大战后，日本人口剧增，而日本人的努力刻苦闻名世界，在这样的情况下，日本经济发展迅速。直到20年前，日本都处于发展的黄金期。日本的女性基本没有工作，在家照顾家人是最普遍的选择。

20年前，日本迎来了退休大潮。人们退休后，新生劳动力不足，加之日本是一个非移民国家，十分封闭。日本人口老龄化加剧，从而导致日本经济增长缓慢。

而中国目前已经迎来了人口老龄化对经济发展的挑战。根据《中国人口老龄化现状与趋势》的数据，与2010年相比，我国60岁及以上人口比例上升了5.44%，预计到2035年，我国将有4亿老龄人口，中国经济发展中依靠人口红利的时代已经远去，人口发展出现瓶颈。为避免中国步日本后尘，发挥现有劳动力优势，为经验丰富的中老年人提供工作机会和平台成为解决老龄化的优选方案之一。

数字游民没有固定受聘于一家公司，也就没有退休的限定，互联网打破了各种限制，当然也打破了年龄限制。正如前文所述，数字游民足不出户就可以实现工作过程的沟通和结果交付，并且可以自由安排工作时间和地点，老年人只要愿意，只要身体健康，他们就有机会像年轻人一样成为数字游民，经营自己惬意的晚年生活。当今世界，数字游民迎来了大发展，活跃在互联网上的“银发族”比比皆是。

马斯克的母亲梅耶·马斯克就是一个典型的“银发族”数字游民，她60岁后不仅仍活跃在一线模特圈，而且开设了网络课程教授营养学，还不时直播带货。

如今的中国，在国家“4050 政策”的支持及数字游民浪潮的影响下，已经有越来越多的中老年人成为新时代的数字游民。

数字游民发展，完成社会全民节能环保计划

随着经济的发展，人民生活水平的提高，人们的物质需求也越来越高。交通工具的升级成为物质生活提升的重要标志，目前，中国私家车保有量已居世界前列。这些需求不仅导致大量资源、能源的消耗，而且导致大量污染物排放，破坏了环境。

国家在环境保护方面倡导绿色出行、低碳出行。即便如此，很多一线城市甚至现在的三四线城市都经常出现交通拥堵现象。

而数字游民的工作方式不再受办公地点限制，不仅实现了低碳出行、绿色出行，而且从根源上减少了出行，降低了出行带来的环境压力。

数字游民将改变企业未来招聘和人力运营模式

数字游民能够帮助企业实现人力成本控制

企业在成本控制过程中，人力成本是一项数额巨大且不可避免的支出。新冠肺炎疫情期间的调查数据显示，中小企业的用工成本高达62%，[①] 人力成本成为中小企业的负担，制约了企业发展。企业运营成本面临的最大问题并不是材料设备成本上升，而是呈几何式上升的人力成本。尤其在创意、设计等领域，企业承受了不可估量的沉没成本，无数员工在平时就成了甬员，养兵千日用兵一时的传统方式令企业不堪重负，尤其对于初创企业更是步履维艰。

而数字游民的出现，将企业在创意、创造等中投入人力成本巨大的业务变成清晰可见的成本计划，一方面充分发挥高技能人才的创造创新能力，另一方面将人力成本控制在可预见的范围内。

---

① 选自《供应链管理》中《“社保新政”下中小企业用工成本调研和分析》。

数字游民能够降低企业固定成本

对于企业来讲，高技能人才的雇佣成本更高。固定的雇佣方式必然带来一系列隐性成本的支出，如保险、福利、带薪假期等固定模块的用工成本。

按照国家相关法律法规，隐性成本的支出最高占到名义支出的30%。很多企业不愿意雇用女性，就是因为有隐性的产假成本。尽管国家出台各种保障措施，仍不能阻止企业的成本考量。职场的性别歧视问题一直是世界性的问题，这不能将责任全部推到企业头上，企业没有生存就没有发展，没有发展就没有办法考虑福利，尤其对于那些初创的小微企业来说。

高额的雇佣成本是企业的重负，更令初创企业止步不前，一个成本巨大的营商环境，极不利于小微企业的发展，也不利于创新型企业的存活。

数字游民的出现，给企业尤其初创企业提供了不同于传统的经营方式。他们和数字游民建立合作，将雇佣关系转变为合作关系，企业节约了高额的固定人力资本，数字游民获得了更高收入。企业得到发展，个人得到提高，国家税收自然水涨船高。一石三鸟，多方共赢。

数字游民满足企业业务波动需求

很多企业的业务规划中，例如新产品的发布或新项目的开展，需要临时组建团队。在这样的情况下，企业对于人才的需求是临时性的、短暂性的。例如，影视公司筹备一个新的电视剧项目，可能从编导到现场执行需要大量的人力，需要快速组建这个团队。但事实上，这个团队在电视剧拍摄完成后就要解散了。如果是正式员工，这个团队的解散工程就涉及劳动合同签订、解除合同带来的赔偿等，巨大的资金支出可能导致这个企业无法正常运营。

而数字游民所做的本来就是阶段性工作，可以自由调配自己的时间。在这个过程中，时间周期和节点的限制成为企业选择数字游民的重要原因。

数字游民改变了传统的劳资关系，建立新型合作模式

传统劳资关系基本都是雇佣关系，这种雇佣关系要求员工在合同期内只能服务一家企业，这对于人才的资源利用是单一和低效的。

传统劳资双方的地位是不平等的，雇佣方相对处于强势，被雇方相对处于弱势。各国都千方百计制定保护劳动者权益的法律法规，但劳资纠纷仍层出不穷，劳方被各种侵权，企业也有苦难言。

企业内部管理成本也一直居高不下，尽管管理模式不断升级迭代，不断柔性化、人性化，劳资双方仍不免各怀心事，整个社会消耗了无法估量的成本。

探索最经济的企业运行方式，最大限度地发掘人力资源潜力，最小规模支付企业成本，最佳模式推动经济发展，是社会管理者和企业管理者孜孜以求的。

而数字游民的出现，很大程度解决了这一矛盾。

数字游民可以同时跨地区、跨行业服务多家企业，不再单纯隶属于某一家公司，彼此的关系也不再是传统的雇佣关系，而是以独立自主的个体与企业的合作。他们既不是传统意义上的雇员，也不是老式的企业主，更不是简单的自然人。游民为自己工作，因此热情更足、更加投入，企业也不必支付昂贵的管理成本。企业得到了更加成熟的产品和服务，数字游民得到了更多的收入。

数字游民颠覆了传统的倾斜式的劳资关系，实现了平等互利、合作共赢。这种模式是实现人人平等、共同富裕的坦途大道。

数字游民提高企业组织灵活性和高绩效性

传统雇佣关系模型中，一家企业在面对业务配置和组织架构需要调整的情况时，会受到许多组织流程及法律法规的限制。企业为了快速、有效地完成整合，需要耗费大量的财力和人力。

数字游民和企业因为是合作关系，双方以平等自愿为基本原则，彼此的合作关系因为共同的项目而起，也因项目结束而止。通过项目执行迅速互相评估，或继续合作、或改弦更张，来去自如。如前文中的影视公司，一有拍摄项目就会迅速整合各种数字游民力量，搭建专业团队，团队成员或远在天边或近在眼前，或白发皓首或青涩稚嫩，有人可能白天脚不沾地，有人可能整夜孤影悬灯，数字游民来自不同时空、不同维度，互相不隶属，只要一根网线，就能够因事而合。项目一旦完成，又一拍而散、天各一方，彼此互不相干。这种组织的灵活性和高效性是传统企业难以想象的。

数字游民与企业的合作关系，避免了企业在组织结构调整和优化过程中遇到的障碍和耗费财力，对于提高组织战略的灵活性与高绩效性有着十分积极的作用。

数字游民提高企业沟通效率

数字游民和企业之间的关系是合作关系，目标结果的设定必然是双赢的。双方在合作沟通过程中，真正实现了以结果为导向的过程监督，不需要制度或人的约束。

日本阿米巴管理模式认为最好的管理都是把自己当成一个独立的组织来对待，以提供的结果去衡量价值。数字游民自然形成自我约束机制，以期待更多地出售产品和服务，客观上，数字游民就是一个独立的个体组织。而数字游民和企业之间的合作自然做到了组织与组织之间的价值交换，双方在沟通中将会减少大量形式主义问题，极大地提高了沟通效率。

数字游民改变个体的未来

生活在别处

选择到另一个国家或地区生活是数字游民典型的特点。

61 岁的英国女商人玛格丽特・曼宁（Margaret Manning）曾在新加坡工作 10 年。

2020 年 10 月，曼宁申请了巴巴多斯的“欢迎签章签证”（Welcome Stamp），这是一种为期 12 个月、专为远程工作者设计的签证。她获得批准只花了 24 小时，并与丈夫一起在 2021 年 1 月正式搬到了巴巴多斯，并开始筹建一家人工智能初创公司。

受新冠肺炎疫情影响，许多数字游民将目光从国外转向国内，更加切实地设置目的地。

以菲律宾为例，为了躲避首都马尼拉的疫情危机，一群人去了海边小城或乡下。

因新冠肺炎疫情期间禁止外国度假者入境，遭受重创的菲律宾旅游业取消了数百万个工作岗位。而国内兴起的数字游民，给一直依赖外国游客的区域注入了急需资金。

坦尼娅·马里亚诺（Tanya Mariano）与男友租了一间位于马尼拉以北的冲浪小镇圣胡安（San Juan）的海景公寓。

这位用笔记本电脑坐在公寓阳台上办公的 37 岁的自由撰稿人说，她的生活质量得到了极大改善。

花更少的时间，做自己喜欢的事

“可以干自己喜欢的事。”

“更能看清自己的内心，因为每天都在和自己交流。”

“痛并快乐着。”

“事业上的收获都是次要的，重要的是学会了如何自律和热爱生活。”

这是关于数字游民职业调查中，数字游民的一些感受。显然，对于数字游民来说，花更少的时间做自己喜欢的事，是他们选择成为数字游民的重要原因。

数字游民的劳动是个体的，不用别人参与，很多时候旁人的干涉反而会把事情搞砸。写文章之前，固然可以同别人讨论以开拓思维、激发灵感，但一篇好文章的灵感迸发则完全是个体行为。从古至今，很少见到有多人合作的好作品。若李白与杜甫合作做一首诗的话，恐怕也不会多好。创作是个性的自由表达。

相关数据证明，人们在做自己喜欢的事情时会更加专注、更有热情和创造力，具有更高的完成效率和驱动力。

不用对领导察言观色

劳资关系在法律关系上是平等的，在现实中却是不对等的倾斜关系，这是客观状态。

一个是管理者，一个是被管理者，双方无法摆脱从属关系，所谓“端谁饭碗受谁管”正是对劳资关系的形象描述。

尽管现代企业管理不断柔性化、人性化，但现实中的劳资冲突仍无处不在、无时不在。

即使上司和颜悦色、满面春风，下属也如坐针毡，被管理者的抵触心理很难改变。

数字游民的工作方式很好地解决了这个问题，做自己的老板，不用对领导察言观色。

不用朝九晚五、挤地铁和公交、忍受拥堵的交通、为迟到打卡找理由

朝九晚五有多辛苦，晚上不敢闹得太晚，早晨不能贪睡，闹钟一响只得爬出温柔的被窝，和千军万马一起拥堵在路上。

若你是个数字游民，就没了这些痛苦，完全可以自由安排工作时间和工作节奏，无论你是夜猫子型还是啄木鸟型，都可以把工作节奏调整到舒适的状态。

心理学研究表明，每个人的特质不同，心理特质和生理特质都有很大的不同。就饮食起居的习惯而言，有的人喜欢早起，有的人喜欢晚睡，有人喜欢集中突击完成作业，有人就喜欢零零碎碎地工作，这个不能全然归结于懒惰与勤快，很多时候是个体差异造成的。而在大工业时代，整齐划一的企业管理方式，定然忽视了个体差异，这就必然使得那些有着不同特质的人苦不堪言。

避免同事摩擦，减少情绪内耗

办公室里处理同事关系非常麻烦，稍有不慎便会惹出一大堆剪不断理还乱的纠纷来，闹得人不得安闲。

尤其对于“80后”和“90后”，不同于以前的多子女家庭，他们个性强、习惯独处，集体中为一点小事而面红耳赤的事情数不胜数。数字游民的状态更适合这一代人。

如果成为数字游民，就不再会有长久的胶着的同事关系，完全可以大胆地做自己想做的事，少了摩擦，工作的效率也会提高。

不必整齐划一的仪表和千篇一律的妆容

成为数字游民，也就摆脱了办公着装的束缚，不必西装革履，衣着尽可以随意。由于自由职业者处在一个相对自由、活跃的工作空间，因此更易激发灵感和创造力。俗语道：“做了三年叫花子，再也不愿上金銮殿。”此话有些夸张，但也可以说明人对无拘无束生活的向往。

真正的数字游民是生活的强者

数字游民对理想的追求、敢于尝试的勇气，才让他们选择了一种非常自我的生活方式。如果说数字游民的幸福感一半来自无拘无束的自由状态，另一半就是高收入带来的快乐。调查结果显示，月薪在5000元以上的数字游民占总人数的41%，其中8000元以上的占9%。针对数字游民的调查还显示，一半的受访者对收入表示十分满意或比较满意，另有20%的人表示仅够维持生活。[①] 像罗科仕这样的高端、高效率数字游民平台，一半以上的数字游民月收入都能达到8000元以上。

有更多的时间陪伴家人、照顾孩子

80%的女性受访者选择数字游民的原因都是生育因素。大多数女性在休完产假后，回归职场需要面临两个问题：一是身体变化造成的职场适应问题；二是在哺乳期和孩子的分离焦虑。这些因素会导致女性的身体和心理出现较大的变化。所以这个时候，原本从事的职业具备远程办公条件的女性选择了成为数字游民。

① 数据来源于《数字游民指南》。

前文提到的 Wendy 和张老师都属于这一类。

数字游民的生活方式使得她们既能够照顾孩子、家庭，又不耽误工作。

数字游民成就终身职业

目前，日新月异的互联网行业对于年龄的要求越来越苛刻，导致人们有较强烈的年龄焦虑。人力资源数据显示，抖音公司的员工平均年龄为 27 岁，小米的员工平均年龄为 29 岁，滴滴的员工平均年龄为 31 岁，华为的员工平均年龄为 30 岁。

中国面对的人口老龄化问题，以及现行的退休政策，使 35~65 岁之间几乎会产生 3~4 代职场人，这些人要到哪里去？

罗科仕对数字游民的采访数据显示，目前有 40% 的数字游民年龄超过 38 岁。根据联合国卫生组织的人体物理状态报告，55 岁是人一生中的顶峰状态。

数字游民打破了年龄限制，罗科仕的访谈数据显示，70% 的数字游民会将他们目前从事的工作当成终身职业。所以，数字游民不仅解决了就业问题，而且解决了 3~4 代职场人的生存问题和自身价值实现问题。

第七章　数字游民的平台和工具

数字游民的进阶之路

工作和旅行同时进行，家庭和事业融为一体，无论在图书馆、咖啡厅、沙滩，还是民宿、酒店、家，任何有网络的地方都可以成为数字游民的工作地点，环游世界也不再是遥不可及的奢望。

成为一个数字游民，除提高工作效率之外，旅行中的探索也会激励着自己在工作中不浪费时间。旅途中的见闻和见识还会使人产生新的想法和创造力，当大脑神经中获取更多的概念和触动时，会在大脑中形成网络，让自己成为脑洞大开的新人类，在时代浪潮中永不落伍。

不再执着于稳定工作的保障，数字游民是国家倡导的终身学习的最佳实践者。在旅行和家庭生活中，数字游民有更多的时间去接触格子间限制之外的新鲜事物，能够更快适应不断变化的环境，学习的意愿度和主动性在放松的工作中得到提升。

花更多的时间在热爱的事情上，是数字游民的生活理念之一。数字游民在工作之余能够更加投入自己的兴趣，并且愿意花更多时间陪伴家人和朋友。

很多人误认为数字游民是自由散漫、不务正业的人，事实上，数字游民的进阶之路是一场升级打怪的个人修行。数字游民在工作和生活中扮演着更多的角色，能够长期或终身以数字游民的生活方式生活是一种考验。

首先，数字游民需要减少不必要的经济支出（如果你很有钱可以不用考虑这一点，大多数数字游民都是普通人，尽量避免去神话这个行业）。数字游民这类流动工作的群体，许多会员卡或储值卡之类的费用需要尽力减少，你会发现它们使用率极低，最终会成为束缚自己必须在某个地方消费的工具，让数字游民生活变得不再自由。

其次，保证你的收入可以为接下来的几个月即便没有收入也能够保障生活支出。刚开始成为数字游民，会有一段时期收入不稳定，自己充满焦躁不安。这时候，如果有充足的财务储备，将会增加自己的安全感。出售一些不用的闲置物品或出租自己的房产，尽可能减少生活中的物品购买，增加资金储备。

再次，一定要定期体检，将个人健康和安全放在重要的位置。拥有健康体魄的人已经超过大多数人了，如果加上健康保险或旅途保险，将会为数字游民的生活获取更多的安全感提供更多保障。

最后，学习一门语言，如果你喜欢出国的话。另外将你的手机的国际漫游打开，因为不同国家的手机运营商不同，你需要保证自己能够在异国他乡连接上网络进行工作和交流。

当你以为将以上内容搞定就可以开始数字游民生活的时候就会发现，这些准备只是成为数字游民的基本要求。

在开始数字游民生活前，制定自己的预算策略，尤其是开启一段旅程之前。中国人讲究穷家富路，不要让费用成为阻碍你旅途体验的因素。接下来要做的是把所有预判的事情制定两套以上的应急方案，预防突发情况，因为我们永远无法知道明天和意外哪一个先来。

找到靠谱的数字游民平台和社群是数字游民进阶路上有效的方式之一。优秀的数字游民平台不仅可以帮助你获得工作机会，还能够和资深的数字游民建立联系和互动，学习他们的成功经验，并请教关于工作和生活的技巧及面对突发事件的处理意见，以便在学习过程中少走弯路。

千万不要用数字游民的身份和旅途原因降低自己的服务和产品的品质，不要找任何借口拖延工作，降低自己的诚信度，这是成为优秀数字游民最核心的要求。数字游民工作来源的主要途径是熟人或朋友推荐、原有合作团队的信任或数字游民平台的大数据匹配。一旦你失去工作诚信，你的数字游民生活将会寸步难行。

数字游民对于旅行的目的地要有充分的了解和认识，确保自己的资金够生活支出，了解目的地周围环境，知道附近的医院、诊所、生活超市及警察局的位置，以应对突发状况，确定自己生活在安全的环境里。

尽管手机支付可以覆盖几乎所有的日常生活场景，但仍然需要准备一些现金，因为手机没电、丢失等情况随时可能会出现在数字游民的旅途中。随时可以应对困难和解决问题，是数字游民的生活日常。

数字游民的工具指南

成为一个数字游民，除了突出的工作技能和充分的心理准备，还需要以下这些必不可少的工具。

一个能够装下日常所需物品的背包

作为随身行李，背包相对于拉杆箱来说更加方便，无论是徒步还是乘坐交通工具，一个合适的背包将为你的旅途提供便利。根据你的行李内容选择合适的尺寸，根据你的预算选择合理的价位。

笔记本电脑

数字游民最重要的工具之一就是笔记本电脑。MacBook Air 是许多数字游民的首选，但是会有许多功能不兼容的情况，如果你更习惯 Windows 系统，可以选择华为电脑等。选择轻薄的超级笔记本电脑，携带方便且电池的续航能力要强。

智能手机

和笔记本电脑同样重要的是智能手机。现在，国产手机华为或小米，堪称智能手机中物超所值的选项。

全球热点或无线网卡

数字游民的工作离不开可靠的网络，全球热点或无线上网卡是应对网络信号不好或没有网络的备选。

VPN 服务

如果你喜欢环球旅行，将会面对不同互联网的切换使用。这对于数据安全是一大威胁，所以使用 VPN 访问互联网是最佳选择。

携程、飞猪、美团等的全球机票和住宿服务

你可以在相应的 App 上找到任何一家你想住的酒店或民宿，可以订到飞往全世界的机票。

罗科仕数字游民平台等平台

如果你想要在国内找到更多的工作机会，如果你需要学习提升自己，如果你想了解数字游民的生活状态和经验，可以选择罗科仕数字游民平台。

医疗保险

当你在全世界旅游时，为了有更好的旅游体验和安全感，需要一份医疗保险来保障。甚至可以办理电子设备保险，这非常重要。

印象笔记、备忘录、笔记本等

印象笔记、备忘录、笔记本等可以帮助数字游民记录和整理生活中的不同数据，也可以保存旅行中的照片、视频、网站、文件，这些是商务和私人活动的便捷工具。

鲨鱼记账等财务软件

鲨鱼记账等财务工具能够帮助数字游民制定财务规划，清晰记录资金流向，做好预算，避免胡乱花费。

数字游民的业务平台

数字游民能够实现发展的前提是能够通过互联网进行技能变现，变现的渠道和客户开发成为数字游民的关注重点。

国外的数字游民工作平台如Upwork、Elance、Freelancer等已经相对成熟。国内的数字游民工作平台大多以自由者自行组织的社群和论坛为主，里面信息庞杂，已经过时的信息不能及时清除。罗科仕数字游民平台是目前国内发展比较完善的自由工作平台。罗科仕的平台上汇聚了互联网常见岗位、人力资源职能岗位、专业人才的短期合作项目及数字游民的轻创业项目，平台能够提前锁定预付资金的功能使数字游民的权益得到保障。

目前，国内杂乱的数字游民的社群会禁止遵守规则的同行加入，对于数字游民的开放性和自由性来说，这种禁止同行进入的所谓数字游民社群十分狭隘，既不适合也不利于数字游民的群体发展。

另外，还有一些人数不多的数字游民网站或服务平台，对于同行服务者有非常严格的行业限制，甚至常常出现骗取劳动成果、收取服务费却没提供服务的诈骗行为。国家鼓励灵活就业、创造创新的政策，这些平台既是对国家政策的对抗，也是对数字游民群体发展的伤害。

对于数字游民来说，社群或部落的产生意义在于寻找志同道合的伙伴，进行资源互换和人才流动，相互交流和学习。然而现实情况往往不尽如人意。数字游民在追求美好生活的路途中，如何建立更为宽广的就业平台、保障数字游民的经济收入和提升数字游民安全感，实现人生价值的丰盈，如何在不断出现的职业类别和新兴岗位中找到自己的需求，是数字游民群体发展中亟须解决的问题，也是数字游民平台搭建和运营过程中必须考虑的因素。

当前，中国数字技术已经处于世界领先水平，在创新型社会中诞生的庞大数字游民群体拥有不同于工业时期的工作和生活理念，他们不仅具备不断更新自身技能的能力、解决复杂问题的能力，还具有很强的批判性思维、超强的创造力、高情商及判断力。面对走在潮流中的数字游民，为他们提供适合的平台和服务将是未来企业数字化发展中不可逆转的趋势。

数字游民服务平台的时代要求

面对社会日益激烈的竞争、不断增大的压力，数字游民服务平台在时代需求中层出不穷。但是面对资本市场的席卷和冷漠，搭建一个完善、人性化的平台需要有马拉松长跑精神，有能够慢下来精心打磨的工匠精神。面对自由活跃的社会环境，要建设好一个平台是要通过时间沉淀和坚守才能实现的。任何一蹴而就的短期利益都会为数字游民发展带来诚信危机。

在精神自由和物质需求的选择中，在未来发展和当下生存的两难里，在追求自由还是泯然众人的迷茫中，罗科仕数字游民平台快速崛起，打造数字游民就业天平支点，覆盖了多个行业，为劳资双方的资源匹配提供大数据支持，为数字游民的就业保障和企业雇主的业务顺畅提供技术支撑，让就业不再内卷，让就业压力转变为就业动力。

对于平台建设的政策要求，国务院办公厅2019年发布的《关于促进平台经济规范健康发展的指导意见》中，明确了对于平台建设的支持和利好政策，为平台建设指明了方向。互联网平台经济是生产力新的组织方式，是经济发展新动能，对优化资源配置，促进跨界融通发展和“大众创业、万众创新”，推动产业升级，拓展消费市场尤其是增加就业有重要作用。而互联网中的就业平台，为推动就业有着更重要的意义，未来就业将会有更多跨行业、跨区域发展的需求，是数字经济下的数字游民必不可少的依靠。

罗科仕数字游民平台在发展、实践过程中，对于数字游民服务平台的相关总结，希望为国家数字游民生活方式倡导、数字游民等灵活就业创业人员发展抛砖引玉，引发更多优秀平台诞生，共同助力中国数字经济发展，形成百花齐放的盛世。

第一，数字游民平台建立的初心应该是为社会发展、为国家共同富裕出力的使命感，以成人达己的信念去做一个能够长期发展的平台，这样才能收获信任和可持续发展的动力，这是罗科仕在发展过程中解决困难的信念。探寻工作的本质，为成就他人幸福生活而努力，是支持罗科仕健康发展的核心力量。

第二，数字游民服务平台的建立需要强大的技术支持，要有充满活力和创新能力的技术团队。就业群体庞大，需求各异，需要有大量的数据调研，针对需求提供特色化服务。罗科仕数字游民服务平台在多个行业和领域拥有多项发明专利，为解决数字游民生活中会出现的各种问题进行针对性解决。

第三，数字游民平台需要保证供求双方的资质和能力水平真实、可靠，另外，平台能够为数字游民提供财务、法律和人力资源基础知识，让数字游民在提高自己的同时，对于需求方的项目内容有一定的辨识力。为此，罗科仕和吉林大学吉林市研究院共同建立了数字游民、灵活用工的行业标准：注册职业资源规划师证书——CCRP（Certified Career Resources Planner）。为了保障平台服务的真实性和产品交付质量，数字游民需要在罗科仕平台上通过关于财务、法律和人力资源的基础知识考试，同时提供个人职业身份和个人信用信息，平台通过对服务提供者进行信息核实和调查（包括但不限于犯罪记录和职业失信记录）来保证提供服务的数字游民是安全的、健康的、能力可靠的人。

第四，坚决拥护党的政策和方针，始终和国家战略方向保持一致，承担建设中国经济发展的企业责任感，为“银发族”的就业提供平台，为终身学习者提供资源，为兼顾家庭和就业的女性提供保障，拓展更多就业机会，让工作为美好生活服务。

第五，数字游民服务平台在提供就业机会的同时，是多产业、多行业的联合，需要有更长远的建设眼光，尤其是面向农村经济的发展、偏远地区的旅游资源利用，需要平台具有主动、灵活的机制。数字游民作为时代产物，目前并没有成熟的机制和相关管理制度。尽管发达国家的数字游民数量已经壮大，但是数字游民群体相关的福利政策及安全保障等都处于初级阶段。为此，吉林大学吉林市研究院和罗科仕合作，共同建立多层次人才及数字游民研究服务中心，在国家鼓励发展灵活用工、发展数字经济的战略方向和建设人民共同富裕的指导方针下，为中国打造世界领先水平的数字游民平台的技术研发和创新中提供可操作的技术方案和宏观政策建议。罗科仕数字游民服务平台借助在人工智能、大数据、区块链等方面已有的技术力量，为中国人力资源、保险、自媒体等行业的数字游民提供技术支持和服务，为打造幸福工作发力。

第六，数字游民服务平台需要有极强的筛选和淘汰机制。通过技术手段对劳资双方的审核和考评，通过在平台的服务与被服务的轨迹，建立职业信用体系。数字游民经济是在不见面的情况下交易，是一种信用经济。未来职业背景调查行业将会被数字游民服务平台同化。互联网的优势之一是一切皆有痕迹，这为个人和企业雇主的行为建立了信用档案，未来可能和国家的信用系统挂钩，形成一个正向的职场信用体系。

第七，数据安全是数字游民服务平台的重中之重。互联网发展的同时，我们随时面临隐私泄露的风险，在多个平台注册的个人信息一旦被不法分子窃取，将会给个人造成经济损失甚至精神伤害。

第八，数字游民服务平台以人为本的技术研发，将人人平等的理念加入开发工作，在平台提供的工作机会中，避免出现对于中老年人、妈妈群体的区别对待。将这种尊重机制融入平台的细节。

第九，打造线上职场社交，在这场不见面的社交中能够通过大数据进行用户的品质、能力、兴趣爱好匹配，在日常使用中主动推送更适合的工作机会。

第十，为国家培养终身学习者的战略政策提供技术和学习资源支持。互联网发展迅猛的中国，已新增了城市管理网格员、互联网营销师、信息安全测试员、在线学习服务师、社群健康助理员、老年人能力评估师、增材制造设备操作员等新岗位，新职业的兴起和发展伴随着学习资源匮乏等问题，需要有责任感的企业尤其是以就业为使命的企业走在前面，提供更多支持。

数字游民的出现时期，正处于中国人力资源转型升级及互联网改变人类生活方式的新型经济形势下。随着数字游民群体的体量倍增，关于数字游民的特点研究、工作方式、生活保障、学习成长等方面的问题逐渐显现。

如何为数量庞大、技能高、独立自由的数字游民提供更好的工作、生活、学习保障和服务，罗科仕、海创汇这样具备资源汇集能力、先进技术研发能力、人文精神、社会责任感的数字游民平台的出现就成为必然。建设一个成功的数字游民平台不仅需要拥有大数据、人工智能这样的专利技术和研发能力，而且要求平台具备对有需求的企业的公平、公正、需求真实、诚信靠谱等方面进行筛查分析淘汰的能力和机制，在平台上为数字游民提供职业规划辅导、终身学习、自我成长的资源和机会。

在中国数字经济飞速发展的时代背景下，中国对数字游民的“绿灯”政策如何实现？怎样推动数字经济的发展？需要靠国内的高科技水平来吸引数字游民的到来，建立健全政策体系，推动实体经济数字化融合，持续壮大数字产业，促进数据要素流通，持续深化国际合作等，从经济发展的大方向到个人政策支持，都需要更细致的鼓励措施。在数字经济活跃和数字游民遍布的时代，也向企业、政府、数字从业者提出了新的问题。

在数字游民占据经济发展重要位置的时期，让更多拥有才能的人在一个公平、高效的环境中找到自己喜欢、热爱、专注，又有丰厚收益的工作机会，为他们提供工作中的安全、信用保障，为他们提供终身学习的资源和机会，在数字经济时代保持强有力的竞争优势，让有真实需求、诚信可靠的企业能够快速找到合适的数字游民，使得双方能够充分通过各自优势高效对接业务需求，是未来数字游民平台发展的要求，也是国家数字经济发展战略中不可轻视的政策指导监督方向。

罗科仕数字游民服务平台发展的 6 年，见证了数字游民群体在中国的增长和崛起，见证了国家在灵活用工和创新创业方面的支持和鼓励，也看到了更多经验丰富的职业人在互联网技术的加持下发光发热，看到了养育孩子的妈妈能够在家庭和事业中焕发活力。我们知道，未来还有许多的困难，但在这样自由和充满活力的环境下，将有更多的人在数字游民的行列中找回初心、点燃激情，真正做到让工作为美好生活服务。

第八章　数字游民的未来

世界为数字游民亮起绿灯

随着移动互联网的发展，越来越多的人成为数字游民，数字游民将是未来的世界公民，他们的活动范围是全世界。

一个旅居加拿大的数字游民曾说：“我有一个在中国云南认识的朋友，有一次在布拉格重逢了。我的工作时间以加拿大为主，朋友的工作时间以中国为主，我收英镑、美元、欧元，朋友收美元、欧元、港元、人民币，我的工作伙伴主要分布在欧美地区，朋友的工作伙伴遍布欧亚国家。我们的共同点是客户来自全球，只要有网的地方就能工作，并且都做着自己热爱并擅长的工作，能够独立解决问题并且长于学习，喜欢自由和地理套利。”这是世界数字游民的工作和生活状态。

随着数字游民在世界的发展和流行，世界许多国家和地区对数字游民呈开发和欢迎的态度。近年来，中国的经济发展和国际地位不断提升，中国的护照能够面签和落地签的可开放国家不断增加，为中国数字游民环游世界提供了便利条件。

对于一边赚钱一边周游世界的数字游民来说，走向世界遇到的第一个问题就是签证。尽管中国本土对于世界呈现开发包容状态，但其他国家还是有所区别的。缺少长期的银行流水、在职证明或未婚等原因，都可能会被拒签。对于数字游民这个本就充满自由和不确定的人群来说，获得常规签证需要花费更多的时间和精力。

但是数字游民带来的创新和活力，对当地旅游业和经济的带动能力使许多国家为数字游民量身定制了签证制度。

德国

德国这个高度发达的资本主义国家，作为欧洲四大经济体之首，不仅国民保障制度完善，而且国民拥有极高的生活水平。我们想象中的严肃刻板的德国却在 2018 年被评为全球最具创新力的经济体。

德国的创新活力和发展程度从德国对于数字游民的欢迎和开放态度中可见一斑。德国的自由职业签证没有行业和领域的限制，只要你的职业不触犯当地法律，不管你是程序员、会计师、作家，还是营销达人，都可以拿到德国自由职业签证，可以和不同的公司或个人签订合同，也可以通过互联网和国外客户建立合作。

想要获得数字游民签证，只需要提供银行流水，证明你在德国期间无论是否有收入都能够承担你在德国期间的正常生活支出。

爱沙尼亚

全球最早提出“数字游民签证”制度的爱沙尼亚，不仅有成熟的数字游民签证通道，而且可以让持有数字游民签证的数字游民享受零缴税的待遇。

哥斯达黎加

哥斯达黎加专门为有意向在本国投资的海外中小企业和个人设计了 Rentista 签证，不仅可以让持有者在哥斯达黎加停留 2 年，而且可以在到期的时候申请延长签证时间。

这期间你需要提供银行流水，证明自己月收入 2500 美元以上。

挪威

作为世界上消费较高的地方之一的斯瓦尔巴群岛，是有名的世界尽头和冷酷仙境。只要你能证明有足够的钱维持在当地的生活支出，挪威将为在斯瓦尔巴群岛生活和工作的数字游民提供终身有效的签证。

如果此生有幸能够去斯瓦尔巴群岛生活和工作，体验世界尽头那种极其寒冷环境中人们的生活，知道有那么多生命在极端条件下生活，对于生命的勇敢会让我们更加了解我们生存的地球，从此更加热爱和敬畏生命。

墨西哥

墨西哥作为美洲大陆印第安人古文化中心之一，曾孕育出著名的奥尔梅克文化、托尔特克文化、特奥蒂瓦坎文化、萨波特克文化、玛雅文化和阿兹特克文化。如果你想在墨西哥做一个数字游民，那么可以持1年的临时签证是非常好的选择。如果你想继续停留，可以有3次延期机会，同时，你需要提供近6个月的银行流水，保证每日余额在11000元人民币以上。

葡萄牙

提供足够的收入证明和收入来源，能够获得和哥斯达黎加的Rentista签证类似的D7被动收入签证，这样你就可以以数字游民的身份在葡萄牙生活和工作。1年之后你可以延长2年签证时间。如果5年后能够通过葡萄牙语知识考试，就可以申请永久居住。

捷克共和国

不同于旅游签证和商务签证，你只需要证明自己有5600美元的存款，并支付217美元的签证费，就可以获得捷克的自由职业签证。1年之后，还可以延长签证时间2年。

随着数字游民群体的不断壮大，数字游民带来的经济效益正呈现倍数增长。各国对于数字游民的态度反映了国家在创新和旅游发展中的政策倾向。未来，数字游民将成为创新的中坚力量，不断出台的数字游民政策也将越来越完善和成熟。

中国的数字游民聚居地

随着中国数字游民的数量不断增多，数字游民居住的地方也为当地的旅游产业和经济发展带来了活力，与此同时，国家还发布了多项关于创业创新和灵活就业的鼓励政策。

中国地大物博，一个国家跨越了5个时区，具备大部分国家的自然环境和生态环境，56个民族展现出多元化的文化和风俗。对于中国的数字游民来说，不出国就能体验到不同的异域风情，走遍祖国的大好河山是一件非常有意义的事。而数字游民的交叉授粉和地理套利，通过不同城市之间的物价差异提升生活品质已经成为中国数字游民的常规操作。

数字游民一般选择的旅居地都是风景秀丽、房租便宜、有良好的电力和网络供应的城镇。既不同于火热的旅游区，在这里能够清静地思考和工作，又距离大城市不远，生活和交通十分便利。

中国适合数字游民旅居和生活的地方太多了，我们通过采访看一下国内的数字游民不出国都会去哪里旅居？

• 云南鹤庆，一个夹在大理和丽江之间的小城。大理的风花雪月和丽江的绮丽繁华都被太多人追捧，许多人忽略了这座隐于丽江和大理之间的小城。

鹤庆拥有丽江的古韵而少了丽江的浮躁，拥有大理的闲适少了大理的拥挤，它拥有香格里拉的原始美景，却像是一块未经打磨的璞玉，吸引着人们去探寻。鹤庆的物价和房租相对热门的丽江和大理来说低了许多，被许多数字游民称赞为最适合养老、居住、休闲、度假的地方。

千树万树的梨花在阳春三月竞相绽放，动人浪漫的场景值得数字游民去住上一段，细细体味。

• 四川绵阳的江油是诗仙李白的家乡，这里不仅是诗城，也是花城。吴家后山7000多亩、6万多棵辛夷花在每年的三四月将江油装饰成花的海洋，让你在花海中欣赏人间仙境，去探寻隐士所写的桃花源。

• 烟花三月下扬州，如果只能去一个城市，我选择扬州。

穿梭在青砖黛瓦的古巷，感受慢下来的扬州烟火，瘦西湖和小秦淮，让我们找到乾隆六下江南的理由。在扬州，你的味蕾绝对会被震惊，被联合国评为“世界美食之都”的扬州让你体会到什么叫“早上皮包水，晚上水包皮”的快乐。如果你的生活在别处，不如来扬州。

• 被誉为中国最美海岛之一的福建大嵛山岛，除了海，还有20000亩草场，让你不用去内蒙古、新疆，在海上就能看到碧绿草场。散落在其中的湖泊像镶嵌在其中的宝石让人惊艳，随手拍一张图就能发一条唯美的朋友圈。

中国值得去探索的美景和美食实在太多，在此就不一一介绍了，不然会让读者觉得是做旅游推广。中国的许多地理环境都具有不同风情和特色，因为民族众多，国内许多地方充满异域风情。

除了风景秀丽和人文环境，中国许多城市实施了对于数字游民的有利政策。以中国海南省为例，海南自贸港建设之后吸引了各类人才，灵活多样的就业环境为更多的数字游民带来了机会，并且外省进入海南的数字游民可以以灵活就业人员的身份办理社保，解决了数字游民的后顾之忧，使他们将更多的精力放在内容创作和产品研发中。

国内各省市对于数字游民等灵活就业群体纷纷落实优惠政策，制定相关劳动保障的规定以确保数字游民等群体能够安心工作和创业。促进数字经济、平台经济健康发展的举措有：为数字游民的创新创业创造条件，对数字游民服务平台的服务费用进行协调降低和监督管理，对数字游民等灵活就业群体的劳动保护、工作时间等进行制度化管理。

中国数字游民的工作方式蓬勃发展，对于新兴业态的发展政策逐步出台和完善。未来，数字游民将会成为数字经济增长的重要力量，对于中国的企业雇主和从业者来说，顺应时代、转变思路是必经之路。

超级合作者社群

依然有许多人对数字游民有误解，认为他们是炫酷和过于自我的群体，离群索居不善于合作。这种误解对于数字游民这一高技能、高文化群体来说，他们往往不太关注外界的评价，而是将更多精力放在自我提升和工作探索中。

数字游民作为一种工作形式，虽然没有传统的固定办公场所、固定办公时间局限，但并没有脱离工作本质和生活本质，他们是一群让工作为生活服务的人，致力于工作让生活更美好的本质。对于数字游民的工作而言，在办公室和在林间、沙滩并没有什么区别，只是将与伙伴的沟通从线下转移到了线上。

有这样一句话：“我是一块砖，哪里需要哪里搬。”其表明了人在固有工作模式中缺乏主动思考的习惯，更愿意被命令和安排。传统工作思维是螺丝钉思维，只专注于自己的工作内容而不考虑整个体系和全局。这对于工业时代的流水线管理是有利的，但互联网数字时代的整体运营思路并不适合这种模式。

互联网数字时代是充满创意和创新的时代，需要在更高的纬度看待事情的发生和发展。需要从螺丝钉的角度看到整辆车的视野，才能够在业务网络中快速反应、清晰定位。

当我们能够看到全貌时，能够更好地安排自己的时间节奏，提升工作效率，既不因为自己耽误整体进度，也不因为不了解情况而浪费时间做无用功。

同样的 24 小时，高效的数字游民可以节约一半甚至更多的时间。他们用这些时间去旅行、学习、陪伴家人。因为不断拓展的视野和深入的技能学习，会使工作效率更高；因为和家人相处的时间更多了，家庭和睦、关系和谐，得到更多的支持和理解，能让工作进行得更加顺畅。

和数字游民交朋友是怎样的一种体验？怎样能找到他们并和他们成

为朋友？喜欢安稳和一成不变是有些人的想法，我们喜欢未雨绸缪和被迫循规蹈矩，害怕冒险和变化，但在温水煮青蛙的环境里很可能会失去适应新环境的能力。但是数字游民不同。和数字游民成为朋友的方式很多时候是和普通场景里不同的，数字游民的朋友往往来自旅途。

最常见的方式是你可以在社交网络上，发布一些分享的帖子或搜索感兴趣的圈子。例如，罗科仕数字游民服务平台中的社交功能，在这里你可以找到志同道合的伙伴，一起探讨旅行中的见闻和趣事，也可以分享工作经验，在分析中获得提升；或参加一些数字游民的线下活动。罗科仕平台会经常组织一些不同行业的线下分享会，在交流的过程中碰撞出创意火花，促成了许多创业小团队的产生。大家在分享的过程中因为共同的兴趣爱好成为朋友。

如果已经成为一个老数字游民，会在旅途中结识不同的人。你们相遇然后分开，各自开始新的旅途。但是互联网的功能让你们成为可以分享倾诉的对象。你们通过不断的交流和分享，成为知己。分享不同的见闻、美食和工作经验，这种深度交流让你们的感情在脱离了日常琐碎后变得更加纯粹。

咖啡馆、协同办公场地和图书馆是许多数字游民喜欢办公和学习的地方。可以通过手机应用搜索附近适合自己的咖啡馆、图书馆等，你会发现在那里的人都是喜欢学习、热爱自由的人。网上社区、本地课程及当地的语言课是数字游民找到同类的方式。通过共同学习来促进数字游民发展新朋友。

另外一种解决数字游民孤独感的方式是加入数字游民项目。数字游民服务平台会组织一群数字游民聚在一起，让大家一起工作、探讨之余，参加社会活动。罗科仕数字游民服平台会根据一些工作项目组成短期项目小组，在项目中交到新朋友是一件水到渠成的事情。

除了新朋友，数字游民因为工作时间相对自由，有更多时间去和老朋友交流，这样的深入探讨不仅会增进友情，而且能够为对方带去新的思路。

相对于固定工作的合作方式，数字游民是一群超级合作者。合作一直是组织建设者和管理者十分关注且耗费精力的重头戏。从全人类的角度来看，解决环境污染、应对气候变化、消除饥荒、突破癌症治疗等难题需要全人类的合作，才能够共同度过地球危机。

在《超级合作者》中，作者马丁·诺瓦克、罗杰·海菲尔德从生物进化的角度对合作做出了解释，“合作”是在自然选择和突变之外的第三条进化原则。

自然界中的直接互惠、间接互惠、空间博弈、群体选择和亲缘选择[①]5条自然机制将竞争转化为合作，这种机制的出现在人身体中的微表现是身体细胞间的合作。如果出现背叛者，将会产生癌症等严重疾病。合作是生命起源的选择，利用间接互惠机制是解决“公地悲剧”[②]的最好方式，通过信息公开来约束和规范人们的行为，相比惩罚而言，奖励更可能会促进合作。

相对于自然界中的细胞和各物种间的共生，合作在职业和工作中的体现更加直白。工作中的合作无所不在，从流水线的工厂到互联网时代的远程协作，没有人能够完全脱离人群，即便是遁入空门的僧人，也需要僧众间的合作及信徒的供养才能生存，这是另一种合作。

直接受惠是传统工作模式中的合作，今天我帮了你，明天你帮我，这种合作机制最为简单粗暴。亲缘间的合作选择主要依靠自然选择。对于数字游民群体来说，他们通过展示自己的作品和能力，在服务中获得品牌效应和口碑宣传，获得更多人的关注从而获得机会和帮助。

---

① 选自《超级合作者》，作者马丁·诺瓦克和罗杰·海菲尔德。马丁·诺瓦克：哈佛大学数学与生物学教授，进化动力学中心（PED）主任，与著名生物学家理查德·道金斯和爱德华·威尔逊齐名的科学巨星，被称为继达尔文之后为进化论做出突破性贡献的第一人。

② 公地悲剧：公共物品因产权难以界定而被竞争性地过度使用或侵占。这一概念经常被运用于区域经济学领域、跨边界资源管理领域等学术领域。出自 1968 年英国学者哈丁（Hardin）在《科学》杂志上发表的一篇题为《公地的悲剧》的文章。

一个国家或地区的资源分布和机会分布是存在很大差异的，数字游民在这种空间差异中看到机会选择地理套利、空间套利、货币套利等行为，同时为相对落后的区域带去优质的资源，带动当地经济发展，这种能力的使用是更高的积极合作形式。

数字游民是社会文明进步的自然产物。人们合作的概念和合作的方式不断进化，最终实现共赢。数字游民跨行业、跨区域、跨时空的合作模式，在原有合作模式的基础上，更具广泛性和传播性。数字技术的发展让数字游民的能力能够在更大范围形成合作，在合作中诞生更好的创意，最终实现成人达己的目标。

网上最火的数字游民社群集中在泰国的清迈和印度尼西亚的巴厘岛。数字游民生活中的“游”被过分放大。具有中国特色的数字游民，他们对于数字游民的理解及践行的路径是罗科仕在做数字游民平台中观察到的。相对于世界各地的流动，他们更愿意花更多的时间和家人、朋友在一起，这样既缓解了作为数字游民的孤独感，也解决了数字游民情感归宿问题。

> 2016 年，罗科仕数字游民服务平台建立，为数字游民群体搭建职业平台、学习平台和交友平台。在罗科仕平台上组织了数百场数字游民社群活动后，我们对于中国数字游民的生活理想和生存现状有了更多了解。
>
> 中国数字游民是世界数字游民中的另类，他们对于自由的理念和看法并不是散漫的说走就走，他们将自由建立在责任之上，带着厚重的力量感。许多人成为数字游民的初衷并不是为了可以说走就走，他们是因为家人、孩子、爱人和自我的精神需求选择这条在大多数中国人看来不太靠谱的路的。
>
> 数字游民的生活除了自由，还有着比上班更高的要求。因为从一个组织中脱离的前提是将自己打造成一个十八般武艺样样精通的个人组织。他们需要不断地学习和锤炼，在这个过程

中发现自我。相对于上班时的点对点合作方式，数字游民的合作对象更加广泛，需要身兼多职，拥有更多技能的同时需要有高情商和时间管理能力。

中国数字游民拥有中国特有的情感链接，他们在数字游民的生活中会有更多的情感支持从而更加坚强和勇敢。他们是父母、儿女、朋友，也是可以安心交付工作的合作伙伴。中国数字游民在践行这种生活方式的路上，逐步成长为超级合作者。

这种责任和爱，是中国数字游民的精神内核。

千万级粉丝网红李子柒，她回到家乡拍摄视频的初心是照顾和陪伴奶奶。

优秀人才招聘官 Wendy 成为数字游民的初衷是为了更好地照顾孩子。

回到家乡从事互联网创业的海子，是因为父母年迈，不忍心让他们孤独地老去……

数字游民群体一直以来的标签都少不了自由和炫酷，相对于国外数字游民对于完全自我的需求，中国数字游民的选择更多源于爱。这使得他们在工作时会更加用心，这种温暖的力量促使他们成长为优秀的合作者和灵魂自由的人。

数字游民的支点

2018 年，中国共享经济交易规模 29420 亿元，比 2017 年增长了 41.6%。在发展速度的排序上，知识技能领域的增长高达 70.3%。国家信息中心发布的《中国共享经济发展年度报告（2019）》显示，中国制造业大国和互联网大国的两大优势在共享经济和全民创业创新的浪潮中，不断凸显出重要地位。人工智能的不断发展，在出行、住宿、医疗等领域的身份核验、内容治理、辅助决策、风险防控、服务评价、网络与信息安全监管得到了长足发展。

共享经济的繁荣是社会信用体系和信用保障体系完善的重要标志。《中华人民共和国电子商务法》的出台，明显提升了平台企业的合规化水平。数字中国的从业者根据自己的兴趣爱好、技能特点、时间便利和资源优势，以灵活和自由的合作者身份参与到经济活动中，互联网解除了对年龄、性别、工作周期的限制。数字游民的灵活方式成为国家稳定就业、促进经济发展的重要增长点。

在数字经济背景下，个人的能力和特点被放大。未来经济模型中，“一个人就是一家公司”的概念将会被更广泛地接受和认同。因为中国的高素质就业发展形势，数字游民群体具备了一个公司发展所需的产品能力、战略能力、营销能力、运营能力，这种核心竞争力的沉淀和发展，成为未来个体经济发展的基石。

数字游民群体在个人角度，节约了大量的通勤时间，时间高效利用、享受家庭温暖，在获得自我精神成长的同时，对于整个社会和国家带来的公共资源节约、环境污染压力减少等是无形的贡献。数字游民群体普遍具备创业能力，在他们个人完善的背后，带动了更多就业岗位的产生及产品销售的渠道的出现。

在“互联网 + 助农”的经济模式中，我们看到挖竹笋、捉龙虾、砍柴烧饭、挑水浇菜……这些新鲜有趣的农村生活让朴实无华的农民在互联网经济中大显身手，他们借助互联网技术将曾经滞销的农产品销售到全国甚至全球，成为振兴乡村的新动力。这些农民网红背后，有一个隐藏的群体——数字游民。

数字游民具备的高智商和文化敏感度，在国家“互联网 +”的创业热情中显现出了巨大的能量。这拨网红农民背后是曾经在都市打拼拥有高收入的白领甚至金领，他们在回到家乡助力国家“三农”经济发展的同时，也获得了陪伴家人和减轻生活压力的机会。在上班的被动工作中带来的体验和数字游民具有使命感的工作中获得的工作价值体验是不能相提并论的。

互联网数字经济对就业市场的影响之一，是人人都能成为创业者。对于拥抱变化的数字游民来说，这是一个最好的时代。

过去一个眼神、一个表情、一句话这种习以为常的表达在互联网时代都能成为可以获得经济效益的输出。社交网络中的表情包、有声书中的声音都成为一种产品，让善于观察生活的人打开了通向财富自由的道路。其中以知识付费取胜的“得到”和以声音出圈的“喜马拉雅”等，成为新时代内容创作者的典型。

更重要的是，我们过去常常担心别人的平台会不会哪天就塌了，那么今天我们都有可能成为平台游戏规则的制定者，在自己熟悉的领域打造自己的行业平台。我们不仅是游戏玩家，也可以成为游戏的推广者。

1964 年，加拿大传播学家马歇尔·麦克卢汉在他的《理解媒介：人的延伸》中第一次提出了地球村概念。他所预言的电子技术发展使人与人之间的交流反城市化重新村落化，消除城市集权所带来的隔离，打破时间和空间带来的区别，促使一个人人参与的新型地球村已经在数字时代实现了，这种全球化人类大协作的变化为今天的数字游民群体发展提供了机遇。

我们在数字游民的故事中，最常听到的就是即便你生活在中国的农村，只要有互联网，就可以做美国或欧洲等世界上任何一个地方的工作，并能够通过视频在线上进行面对面沟通。

> 已经成为数字游民 3 年的嘟嘟（化名），从小就是大家眼中别人家的孩子。大学毕业后在上海一家咨询公司做着高薪又体面的金领工作，但常常加班的嘟嘟并没有感到开心。
>
> 在一次日本旅行中，她接触到一个同样出身咨询行业的旅游博主，他说自己已经辞职 7 年，通过互联网赚钱并环游世界。后来，她才了解到中国已经有不少人是数字游民。

> 后来，嘟嘟尝试在线上和客户沟通，发现并没有影响效率，也不耽误自己的旅行。于是和原来的小伙伴一起成立了一个小型的咨询团队，为客户提供海外资产规划的线上服务。在数字游民的生活中，打开了地理套利模式，如同样一杯咖啡在北京、上海、香港、纽约的价格是不同的，在低物价的城市和国家生活，花更少的钱体验更好的生活。

数字游民群体是地球村链接中的重要元素。阿基米德说："给我一个支点，我就能撬起整个地球。"数字游民可以说：给他们一根网线，他们能够周游世界。

未来组织的协作模式

陈春花教授在《价值共生》中，对企业和组织在数字化生存背景下的转型和管理模式进行了探索。数字经济时代关于组织的本质是重新构建个体和组织价值的效能。充分肯定创新型、创造型个体的价值，未来，企业组织只有和高能效个体合作，才能价值共生，让企业和组织适应不确定的未来。

中国的企业经营环境在几十年的改革开放中，民营企业的发展从初创阶段进入成熟阶段。在互联网数字技术的新一轮变革中，以技术和技巧为主的管理时代正在远去，在互联网时代的组织管理中，人性化、冒险性的管理对于互联网时代成长的人来说尤为重要。

在办公室人员的调研中，对于工作厌烦因素占比最高的是"办公室的人情世故、推脱责任及各种情绪摩擦"。这在职场环境是常见现象，这看似微小却直接导致了职工的工作满意度和幸福感降低。其中还有任务分配不均、人们的能力水平差异等因素导致很难形成公平的竞争机制。

这个问题在豆豆的小说《遥远的救世主》[①]有过详细的描写。这部20

① 《遥远的救世主》是2005年豆豆在作家出版社出版的长篇小说。

年前的商业题材小说之所以在今天仍然活跃在市场，里面关于就业和创业的题材值得数字经济时代的个人和经营者学习。因为当时的音响巨头不相信"格律诗"这个小公司能够负担这么大的人工成本生产出优质的音响配件，于是信心满满地起诉。事实证明，早在20年前，中国的经营环境已经使用企业和个体之间的合作来进行商业活动，而不只是雇用员工。

尽管企业管理中一直强调员工要具备老板思维，但事实证明，这是很难做到的。劳资双方始终站在对立面或不平等的角度来看待问题，雇主始终不相信员工能够有工作主动性和自发性，员工认为老板获取了更大利益并且掌握了决定员工绩效的权利。这种不平等造成了企业雇主需要花费更高的人力成本和管理成本来进行生产经营，而员工无法做到为企业的最终结果负责。

尤其到了数字时代，信息发达的程度和人类文明程度决定了人们具有更强的独立意识及独立思考能力，他们愿意为了自己认同的价值付出劳动和辛苦，却不会为了命令或强权而做创意。

数字游民的工作方式弥补了企业在经营管理过程中的短板，更灵活、更人性化的管理调动了人才创新的积极性，为企业在数字化转型起到积极作用。

数字游民带来行业变革

我国4G、5G移动互联网的基础建设处于国际领先地位，国务院明确表示我国已经正式迈入高质量发展的阶段。随着村村通、路路通和移动卫星信号覆盖，我国的数字经济随着"互联网+"战略的推进，"大众创业、万众创新"已经成为深入人心的理念。人们对于美好生活的向往及创新经济的崛起，就业环境和职业理念成了时代变革的重要方向。

数字游民作为全世界旅居的创意、创新人群，正在带动中国旅游领域文旅结合、文创产业、生态康养、旅居度假的新兴产业发展。继国际数字游民目的地巴厘岛、里斯本、胡志明、麦德林、第比利斯、首尔、布宜诺斯艾利斯、清迈、布达佩斯、拉斯帕尔马斯、卡门后，中国的西安、海南等地已经被列入国际数字游民向往的目的地之一。中国不少城市提出了“健康生活目的地”“数字经济发展新高地”“历史文明传承创新区”“文化产业创新实验区”“美好生活示范区”“‘银发’友好城市”“外国高端人才创新集聚区”的口号，为中国数字游民发展和老龄化人口创业提供了新思路。

数字游民被称为“互联网创意阶层”，他们对于互联网技能的掌握、国际规则的熟悉、商业运行的科技与文化创意的了解，使他们成为促进旅游业、文化产业、科技行业发展的主力军。除了宣传、推介、包装、经纪人这些常见的创新领域，数字游民还有更为广阔的发展天地。

服务和采访过成千上万的中国数字游民，他们对于社会的责任感和传统文化的情怀在令人动容的同时，用实际行动为游牧地的旅游业发展和农业发展做出了贡献。

> 曾经作为上海一家美资企业数字工程师的刘先生，成为自由撰稿的数字游民后，在他旅居的梅里雪山下的德钦县佛山乡瑞瓦村，利用他的微信公众号帮助当地居民销售土特产品，众筹雪山木屋和藏家青年旅舍的建设，他不仅撰文推荐，还亲自担任向导，让默默无闻的小山村成为网红旅游村。

数字游民带来的新科技、新资源、新思想对于相对落后闭塞的旅居地来说，是一种特殊资源。对于当地的旅游业、服务业的带动效果，使数字游民成为各地争抢的“香饽饽”。

未来，工作≠上班

你正在找工作吗

2020年9月，北京昌平街边一角，招聘者打印的招聘信息吸引了许多中老年的求职者。

2020年上半年，上海嘉定区组织了一场网络招聘会，有人欢喜有人忧，但更多的是失望。

“知乎”上关于全职妈妈最多的话题是：全职妈妈找工作太难了，怎么解决？

国家稳定就业的政策不断改善，但以下人群的就业形势依然严峻：中老年人、初入社会的应届生、生了孩子的妈妈及许多面临中年裁员的人。

他们是中国亿万互联网用户中的一员，他们对于美好生活的追求、渴望并不比任何人少，但是，现在的招聘机制及就业环境还停留在固有的思维上。

这些求职困难者并不是因为他们文化程度低、技能不够突出。北京的招聘角有医院的护士，也有原来企业中的中层管理人员；网络招聘中落败的人才中不乏高校毕业生；而想为家庭增加收入找到自我价值的全职妈妈也曾是英姿飒爽的职场丽人。

他们因为企业不愿意交五险一金、要求无限时加班、上班距离太远、房租太高、交通不便、年龄歧视等，不得不离开就业市场。

困惑、迷茫环绕着他们，尽管内心也并不愿意做这样一份离开家人、在拥挤的地铁里左右突围、随时担心被老板裁掉或随时都想离职的工作，但似乎大家的生活都是这样的，周围的舆论和评价都是需要一份稳定的工作。

事实上，这个世界上哪有稳定的工作呢？

真正的工作

所有人都渴望有钱多、事少、离家近的工作，而数字游民的生活恰好满足了所有要求。

所有人都渴望有个铁饭碗，而数字游民的生活堪称自己打造的金饭碗。

有人花 4 小时在路上去做一个 8 小时出勤的工作，有人用 1 小时工作，用 11 小时过自己的人生。

有人认为工作是在格子间里，而有一群人在海边、在异国、在咖啡店随时随地地开展工作。

数字游民不认同上班就是工作。工作在数字游民的心里是一场和自己的对话，是对于自身价值的投射，是学习能力的体现，是一场证明自己的游戏。

真正的工作不会苦闷和无聊，会让时间变得有意义。作家尤金·得拉克洛尔斯曾说："工作不但创造产品，而且赋予时间意义。"有一句说：想要毁灭一个人，那就让他无所事事。如果想要毁灭一个人，那就让他忙到没时间思考。工作是治愈人生的良药，而不是让人进急救室的催命符，熬夜加班是上班，不是工作。

真正的工作不只是为了赚取面包、啤酒。物质回报是工作的重要意义，但绝对不是唯一或最重要的意义。观察一下我们自己的工作和生活就知道，我们缺少的不是钱，是能力、经验和机会。相比于微薄的薪水，我们从工作中获取的满足感才是人生的意义所在。

真正的工作需要承担社会责任。我们做一份工作是为了什么？是否能为他人带来价值，这是我们在工作中需要思考的问题。做小偷、强盗的人也在工作，但这样的工作是给他人带来伤害，是道德和法律所不允许的。所以，思考我们的工作意义比做什么样的工作更重要。

远离麻木的生活

睡眼惺忪地起床，迷迷糊糊地挤地铁，在办公室斗心眼，这样的上班模式会让人在麻木中失去对生活的热情。许多人到了中年感慨，自己活成了当初讨厌的样子。

拿起手机说好只看 10 分钟一下刷了几小时，内容无非是微博、微信、小游戏；想着要去看书结果没一会儿就困了。思绪飘忽，早已忘了当年的初心。如果有人问你为什么不自律，大家会有个千篇一律的答案：“上班已经这么累了，下班之后只想躺着玩手机。”

上班的虚假忙碌掩盖了懒惰的事实，为了心安理得，只能不停地用加班来麻痹自己。

尤其是人到中年之后，身上的担子越来越重。你面前都是需要依靠你的人，你的身后无人可靠，于是安慰自己的懒惰，都是生活的磨砺。

但，真的是这样吗？

特约访谈——45 岁数字游民杨灿

我们对 45 岁的数字游民杨灿采访后，对于数字游民工作、生活的方式及态度有了更深入的思考。

问 你能说一下你现在的家庭状况吗？你现在的家庭负担重吗？

答 我今年 45 岁，有一对双胞胎儿子已经读初中三年级了，妻子是一名小学老师。我是独生子，父母现在近 70 岁了，身体还算健康，能够独立生活。父母是农民，没有退休金。岳父母是退休职工，有两个女儿，大女儿是公务员，小女儿也就是我妻子是小学老师。家庭负担没有网上说的那么重，两个儿子还在义务教育阶段，上的公立学校。除了学习书法，没有上其他的补习班，星期天或假期我们会一起出去旅行。老人身体还算健康，生活习惯也很健康，我和妻子也不铺张浪费，就是普通人家。

问 是什么原因让你成为数字游民呢？

答 我原来在企业做人力资源总监。公司六七百人的规模，几乎每天都在加班，常常回家后孩子已经睡了，我上班的时候孩子也在匆忙地准备上学。好像一转眼的工夫孩子就长大了，父母老了。我自己也因为胃溃疡住进过医院。

后来我开始思考工作的意义。这种繁忙其实很容易忘记工作的目的和初心，我们就像被追赶着一样，为了房子、车子、票子。有一次和妻子争吵，妻子说我从来没有关心过孩子和家，老人生病几乎都是她陪着去医院。我以为我赚钱养家就够了，其实忽略了生活中太多的内容。

后来赶上公司裁员，而老板要引进更加有冲劲的年轻人，我就被优化了。一个人力资源总监被裁员想想也觉得讽刺。

裁员后，一直有写工作心得的我在妻子的鼓励下开始做自媒体、人力资源微课，和同行探讨工作的价值和意义及如何找回心理健康。其实许多职场人的心理压力都很大，他们找不到出口，想要改变也找不到方法。

问 你喜欢现在的生活吗？和过去有什么不同？

答 我喜欢现在的生活和工作方式。做自媒体后，我常常和家人相处，才知道妻子平时的辛苦。孩子缺少父亲的陪伴，男孩子总是少了点勇气，我庆幸自己能够及时参与他们的成长，能够有机会和他们一起成长。和过去相比，似乎又回到了少年时代，对于学习的热情和专注都回来了，和孩子一起学习也让我收获很大，能够了解现在孩子们的心理状态，也希望以后能够帮助更多的职场人找到工作初心，重新找到生活的热情。

问 数字游民生活对于家庭有什么影响吗？

答 和网上说的数字游民不同，作为中国人，我还是更喜欢中国的文化和环境。旅游也多是在国内。对于家庭来说，我能够和父母心平气和地聊天了，能够有时间带他们出去走走，带孩子出去看世界。有时间帮助妻子做一些家务，夫妻关系和家庭氛围都更加和谐了。

问 成为数字游民会对收入有什么影响吗？

答 说实话我都没有想到，不上班后的收入比上班时还要高。其实中国的人力资源环境目前还在发展中，管理学大多是国外引入的，有时候根本不适合中国人。而中国文化的内涵和基因，因为这种僵硬的管理导致人内心产生极大的冲突，在这种冲突中，人的心理矛盾加剧，越来越多的人需要职业辅导来确认自己的工作热情和方向选择。

我用自己的工作经验和对中国文化的研究做出有针对性的方案。做了微课和自媒体，这种收益是持续和重复的，只要有人点击观看就会有收益，有人下载也会有收入。同时播放量变大后也有广告分成。

问 你现在的人生是你期望的样子吗？

答 前几年我觉得自己变得油腻了，不仅是身材油腻，思想也变得油腻。这种思想是少年时最讨厌的，但是很多人在成年或中年后，就忘了自己曾经也是一个少年了，变得固执和偏执。

成为数字游民后，我最大的变化就是对于新事物的学习和新知识获取时的惊喜。最重要的是给自己安排的健身计划，身材也越来越好了。

数字游民是一群出走半生归来仍是少年的人，数字游民其实是变得越来越单纯和充满童真的人。这是我期待的人生。

杨灿是一个普通人，和我们一样都是在平凡中寻找自我的人。每个人都曾是一个孩子，都曾渴望长大，但长大之后往往忘记了自己曾经是一个孩子，成为一个固执和傲慢的大人。我们面对人生常常会有许多理由：没有钱，没有时间，没有能力……改变什么时候都不会晚，这是互联网时代给予的机遇，只要你想，就能找到方法。

我们始终不能忘记，工作的意义是为了生活更加美好。不再错过孩子的成长，不再错过父母的唠叨，不再将家当成旅馆、当成睡觉的地方，不再过行尸走肉、背道而驰的生活。

做一个数字游民，去感受世界

当你在某个时刻，感受不到上班的意义时，不妨给自己放个假，去试试跳出原来的固有印象，找到重新热爱工作和生活的支点。在人生这条布满鲜花和荆棘的路上，总需要尝试不同的路线才能找到最适合自己的道路。

数字经济时代的瞬息万变，让我们不得不加紧步伐去适应。在迷茫的时候，给自己按下暂停键，去思考我们想做的究竟是什么。去旅行、去读书、换一座城市生活一段时间，在新的环境中了解自己、了解世界。体会一花一叶，体会不同的风俗民情，在这个过程中找回热爱和热情，激发创造力。

做数字游民不是一件轻松的事情，但是一件有意义的事情。

09

第九章 未来幸福工作推动“幸福经济”的发展

幸福工作深度访谈

关于数字游民，无论是从世界角度，还是从中国角度，我们接收了太多的信息，尽管这些信息说明了数字游民生活方式的多样性和个性化，但从罗科仕数字游民平台的发展实践看到了未来中国数字游民工作和生活的幸福状态。

中华民族是重感情的民族，这种文化基因体现在数字游民身上，展现出以责任和爱约束的自由和心之所向。这种饱含着热爱的力量是中国几千年的文化积淀，也是未来职业发展中追求的方向。这种自由的力量是有巨大的创造力的。自由背后是守护，是支持，是传道。

作为儿女对父母的孝，让他们选择成为数字游民；作为父母对儿女的爱，让他们选择成为数字游民；作为人，对于自由和浪漫的追求、对文化和内心的守护，让他们选择成为数字游民。

数字游民只是一种形式、一种实现幸福工作的方式、一种实现幸福人生的途径。国家提出共同富裕方针，出台灵活就业政策，这背后是希望人民获得幸福。

在青少年心理辅导师、生涯规划师林振华老师的采访中，我们见到了幸福工作和幸福人生的样子，这也是罗科仕数字游民服务平台从创立之初就坚守的信念，为国家实现共同富裕出力，为每个职业人和企业助力，让企业成为幸福企业，让工作变成幸福工作，让个体拥有幸福人生。

特约访谈——青少年心理辅导师、生涯规划师林振华

问　你现在主要从事什么工作？

答　我是职场人的生涯规划师、求职者的就业辅导师及青少年的心理咨询师。

问　你做这项工作之前有什么准备吗？

答　我从毕业第二年就在做人力资源工作，中间考取了国家的生涯规划师证书及人力资源管理师证书。

问　你是辞职后从事这项工作的吗？

答　在企业工作时就开始接一些生涯规划和就业辅导的工作。后来在2016年开始考虑专职做咨询，去参加相关行业的培训活动后，就从公司辞职专职做咨询工作，仍和原来的单位合作。

问　你是从什么时候开始做青少年心理咨询的？是什么促使您开始这个领域的研究呢？

答　因为新冠肺炎疫情。当时孩子们在家里上课，在陪伴他们的过程中，我发现了很多以前没注意的问题。后来我把这些问题和应对的方案进行总结发到妈妈群和网上，看到大家都反馈了类似的问题，就开始了系统的青少年心理健康学习。了解到农村的教育环境差，就把这些总结分享出来，希望能够帮助更多的孩子和父母。

问　你平时是怎么开发客户和业务的呢？

答　我会在不同的平台挂职，客户有需要就会主动联系我。有时候也会有一些咨询师相互推荐，把自己不擅长的业务分享给其他咨询师。国内目前这样的平台有一些已经初具规模，我在平台上接单已经有六七年了。尤其是到每年的毕业季，会有一些国际学校或国内高校的学生需要做职业辅导。

问 你为什么会选择成为数字游民呢？你成为数字游民后，收入和生活质量有什么样的变化？

答 首先是因为年龄，作为公司员工，公司或管理层对员工的要求不仅要付出你的 8 小时工作时间，而且要付出额外的时间，而我现在的家庭又需要我分出精力照顾，我的父母都已经 85 岁了，还有我的孩子，我需要在这三块平衡我的时间。另外，自己本身也要照顾好自己，还有满足自己想要学习的想法。

因为我一直是一个喜欢探索未知世界的人，我不想重复做我擅长的领域。如果在一个领域里面发现还有不明白的内容，我就会觉得人生又有意思了，挺有奔头的。

另外，每个人的想法不一样。有的人特别看重现金流，就是要当下挣到钱，要求自己要达到什么样的收入，物质生活要达到一个什么样的水平，但是对我来说这不是最重要的。包括我身边的一些同事，我们在一起吃饭聊天也会说到一些对父母的陪伴及“子欲养而亲不待”的遗憾，他们这种过来人的想法和感受也对我的选择造成了影响。我也在思考怎样能把自己的工作和生活平衡得更好，然后考虑工作的价值和生活需求，你不需要特别高的薪资，因为薪资高你要把它存起来，你并没有用到这些钱。这是我的理财观，我就是用这种方式来选择工作，然后指导自己工作和生活的。

所以要有一个合理的预期，然后只要那个预期能满足我的生活质量就可以了，再多的钱你就把它放在银行里面存着，还不如多一些可选择的时间。我去做这个事情，如学习方面的、陪伴父母的、教育子女的，如果他们都好了，我就没有后顾之忧了，我的事业也会越来越好，而且如果该做事情的时候，时间段过去了，你以后有时间也有钱，你想反过来弥补也可能是弥补不了的，所以这是我在生涯规划中最大的收获，就是你在这个年龄段你要做什么事情，这是你的使命，你错过了你也弥补不了了，如果你做了你就不遗憾了。

问 你的工作完全不需要见面吗?

答 我的就业辅导都是在线的，因为我的客户有海外的、有国内不在北京的，我们都是在线联系，因为现在大家沟通能力都比较强，无论是用文字还是语音都可以解决问题，只要我能够达到解决问题的最终目的就可以了，不一定非要面对面去做辅导。

问 你会经常安排家庭出游或个人旅行吗?

答 体验很频繁，我先生的意愿比我还强，因为我在结婚后有小孩前有一段7年的空白期，这7年我基本上都在探索世界，建立一个新的世界观。所以，我已经对世界有一定的了解了，然后我才生了小孩，这样我觉得我才能够指导他，给他一个正确的世界观。时间对我来说已经发挥到极致了，几乎就没有什么想去而没去的地方，所以我现在特别安心地做我自己的工作，我觉得在自己的职业领域遨游是更美的旅行。

问 你接到的工作中，企业类的需求多吗?

答 我挂职的团队正在做企业板块，当然就包括企业这一类的，还有一些人力资源外扩的项目，像薪酬绩效，解决了人的问题，最终还是要解决企业的效率、盈利。也有跟企业合作，那是我团队的事情，就是几个咨询师一起合作完成的项目，这个项目组是临时组建的，工作完成就解散。

问 成为数字游民需要做什么准备呢? 如果进入你这一行有什么必须的条件?

答 首先你的定向人群一定要清晰，就是你要决定为哪一类人服务。这个群体应该有一定的范围，虽然它的范围可大可小，但要清晰，你要服务他们，你自身就是一个过来人，就是和这些人打过很多交道的，对细节进行指导，你在给他们指导的时候不要有疏漏，这样才能保证他们顺利入职。你的每一个成功案例，都会成为你个人品牌的一部分。

其次一定要有极强的反应能力。客户的问答是一对一的，他没有时间让你去查资料，如果你跟一个咨询师团队一起，你不能回答他们的提问，或你的知识储备不能和他们快速交流，这样的话基本就做不了这项工作。因为我之前在企业工作的时间很长，又转到咨询公司，各方面的资源都已经非常清晰了，有任何问题基本上我都知道哪个老师能告诉我、教给我或能交流一下。

最后各个行业都需要学习能力。没有哪个岗位让你凭借学校学的知识或你现有的工作经验就能一直干到退休的。时代变化太快了，没有什么一成不变的事情了，现在也没有什么不可能。

问 做数字游民怎样拓展自己的朋友圈呢？

答 现在基本上就在这样的圈子里，只有咨询师的圈子。我觉得一位咨询师能不能成长得快，找对方向很重要。他在平台上会得到一些前辈指导，了解是怎样组织这些咨询师进行互动交流的，共同学习成长，然后再找到自己的目标客户群。如学校，是中学还是大学，还有企业或部队，这样的组织才适合咨询师的成长。

如果没有这方面的环境，一位咨询师会成长得特别慢，一个人摸爬滚打、一个人揣摩就容易感到孤独。

问 作为一个咨询师数字游民，会获得什么样的成就感？

答 咨询是一种成长辅导。我们自己作为过来人，应该是有遇到过这方面经历的，然后当时自己是怎么挣扎的，又是怎么突破自己的，其实梳理就能找到方法，把那个方法告诉我们的客户就好了。

作为咨询师，客户的信任我认为是最重要的。因为个人品牌比什么都重要，这很容易就会成为一个行业内比较容易传播出去的一个实力。现在互联网很发达，圈子也不是很大，所以在圈子里要想成为一个有影响力或让人信任的人是很容易的。

问 你未来的职业方向是什么？会开班授课吗？

答 我一直都挺喜欢目前的状态，也想过是否去培训更多的人。因为有一些咨询师，做的时间比较长，开始做培训或授课，也许他们更擅长做讲师，这是个人的选择，我觉得自己还是喜欢一对一的辅导培训。因为当你去做更大的事情的时候，就会面临更多的约束条件。如你要是培训一群咨询师，你受限的因素就会多，如果我是做一对一的辅导，我相对可选的时间、沟通的深度都是比较自主的，最终还是想让客户收获个体的幸福，能够影响到其他人，从而导致人文环境的提升，这是我更想做的事情。

我在北京不同的社区居住过，因为为了孩子上学会有一些搬家的情况。我会观察这个区的人的行为，这里的交际方式和人文，我发现有一些地方的人就很幸福，有些地方的就不幸福。还有一些爱撕破脸上来就吵就闹的，所以我想为什么会有这样的差异？这个感受是内在的，这种深入内心的领域是我喜欢研究的，我也希望能够做一些为他人带来幸福的事情。

问 你觉得一个人的幸福感来源于哪里？

答 我觉得应该是他的某些需求被满足得很好，再加上他自己知道他想要什么，也能接纳自己的一些缺点和不足，知道用什么方法能够得到自己想要的生活，这样的人就幸福了、就有安全感了。这种安全感和幸福感来源于对自己生活的掌控。

再加上我们比较教育的教育模式，更容易使人产生嫉妒或恨。有一段时间，我的下属最喜欢说的词就是“羡慕嫉妒恨”。当一个人知道他要去哪里，就可以朝这个方向努力，这一生走到什么程度，要有随缘心。你知道要成为什么样的人，你会在成长的路上看到很多风景，你身边的同事、朋友都是你的风景，大家有什么困难还可以抱团取暖就很幸福，而且你会觉得自己做的事情的意义已经大过薪水的意义了，这种意义甚至会影响到其他人，如你的孩子、你的家人和身边的其他人，其实对他们影响都会很大，他们都会觉得很幸福。

当你处于一个成长状态，你会觉得很幸福，而且这也是你自己愿意的，也没有人逼迫你。这世界上所有的幸福都是因为你心甘情愿，强扭的瓜不甜，我觉得人类的祖先特别聪明，什么都知道。

我们将和林老师的访谈放在最后，是从林老师的数字游民生活中看到幸福工作的意义和模样。一份心甘情愿的工作、能够体验到幸福感的工作不仅会影响自己，还会影响身边的人。

中国有句古语：一个母亲能够影响三代人。一个能够幸福工作的妈妈、不焦虑的妈妈是我们现在的社会稀缺的。工作的意义和本质应该是为幸福生活服务，而不是成为人生的枷锁和负担。

幸福经济

2019 年 11 月 19 日，毕业于某名校的金融圈女职员王某因工作压力大而自杀。同年 11 月 27 日，台湾演员高以翔在宁波录节目时猝死。一个是 24 岁正值美好年华的名校高才生，一个是知名演员，他们算是金字塔顶的人，却因为工作压力自杀和猝死。人类在追求“更多”“更好”的路上一刻不停，想要更多的食物、更多的金钱，总是高喊着为了更好的生活。

地球资源正面临枯竭，环境危机日趋严重，市场利益最大化的价值评价体系已经不适用于这个时代，幸福最大化将成为未来社会的发展动力和核心生产力。

Legatum 研究所自 2007 年以来发布的全球繁荣指数中，将幸福这样的抽象名词放在了曾仅以经济为标准的对国家地位的评价中。英国首相戴维·卡梅伦（David Cameron）公布的衡量国家福祉计划在整个世界掀起了波澜，联合国的人类发展指数和不丹王国坚持“国民幸福总值”是最大化的目标，GDP 为主的国家实力评价体系面临着巨大挑战。

中国对于幸福经济的研究早在 20 世纪 80 年代就开始了，30 多年的研究和发展取得了丰硕的成绩。在舒天戈的《建设幸福中国》中，讲述了幸福中国从教育、就业、公平分配等领域的利民、惠民、安民、福民工程落地实施开始。让人民幸福这个宏伟战略的发展对于数字经济时代的中国具有指导意义。

面对巨大的工作压力、超负荷的工作任务，以及复杂的办公室政治，让职场人身心俱疲，身体状况每况愈下，不断上升的自杀数据和猝死事件让我们思考如何在工作中获得幸福？又将以什么样的方式获得幸福的工作？在幸福工作中如何实现自我价值和梦想？

经济学家理查德·伊斯特林（Richard Easterlin）对于幸福经济有两个研究发现：一是国家富裕使人们对于食物、住所和舒适生活的基本需求满足后整体幸福感不会再提高；二是只要基本生活必需品被满足，富裕国家和低收入国家的人民幸福指数相似，没有太大的差异。这个发现让经济学家感到困惑：“超过某一点时，金钱就买不到幸福了。”

我们可以发现，身边住豪宅的人和租房子的人，他们的烦恼同样多。而财富和物质对于幸福的影响具有非常大的边际效应。

小时候物质匮乏，吃到一颗糖、一个苹果、一碗葱油面都能收获极强的幸福感。但是长大后，你有能力来买更多的糖时，再也不会有小时候的幸福体验。

或者是你年少时喜欢的一件衣服，因为经济原因没有买。即便后来买再多的衣服，也不会再有少年时的那件没买的衣服能带来满足感。

关于幸福的概念，就是什么时候做什么样的事情，当做则做，这样在后面不会有遗憾和后悔，你做的每件事都是当下最好的选择，会让整个人生一直处于满足中。

因此，数字游民在面对选择时，总是会选择活在当下。他们在数字技术已经改变了劳动关系的时代，积极地选择自己内心的需求。他们对于是否拥有豪宅、名车、奢侈品并没有太大的感触，他们更看重是否能够自由地掌握时间、去见喜欢的人、住在喜欢的地方。

幸福的终极目标是和喜欢的一切在一起，喜欢的风景、喜欢的人、喜欢的事情。完美人生的体验是充满希望、有满意的工作、有爱人之心。

未来的幸福工作方式——数字游民

你看到一朵小花绽放，感受到春天的到来了吗？

你见到一片新芽，感受到生命的力量了吗？

你见到一个旅人，有兴趣了解他的故事吗？

……

无论是工作还是生活，想要获得幸福需要具备一项重要的能力：觉察力。能够在工作和生活中，觉察到此时此刻的内心感受，觉察到生命的意义，觉察到幸福和快乐，甚至觉察到痛苦的来源而敢于去面对它。

托尔斯泰在《安娜·卡列尼娜》中写道：“幸福的家庭都是相似的，不幸的家庭各有各的不幸。”实际上，幸福的原因和不幸福的原因是同一个。缺乏觉察力的人往往容易忽视我们所拥有的，如健康。所以，很多时候我们只有在生病的时候才能体会到健康是一件多么幸福的事情。而对于上班，往往是上班的时候想着玩，玩的时候想着还有工作，结果既没有赚到钱，也没有玩好，这种不幸的发生完全源自我们的选择。我们明明知道却不做出改变。

提高工作的幸福感，数字游民对于此道谙熟于心。他们热爱自由和自然，不被外界的欲望支配，真心热爱自己的工作。他们在旅途和人与人之间的链接中体会生命的意义，明白工作过程与工作结果同样重要。

在旅行和体验中，数字游民笃定自己的目标，找到真正发自内心想做并愿意为之付出时间和精力的事情，这是内心最坚定的选择。如读书和写作，当你把读书和写作当成工具时，会感到非常痛苦。当读书和写作是你发自内心喜欢的事时，你会感到快乐和幸福。即便会遇到困难，也能够勇敢地面对和克服。

纵观古今中外，没有一个伟人的成就不是源于真正的热爱，对于今天的我们来说，也是一样。尽管我们不一定会成为名人、伟人，但是做一个遵从自己内心的人，也是非常酷的一件事。

创立罗科仕数字游民平台的过程中交织着两种不同的感受：一种是对于中国数字经济发展迅猛的感慨，为更多拥有自由意志及创造力的人提供了更多的职业发展机会，让更多的人拥有实现幸福工作的途径；另一种是忐忑，担心大家对数字游民有误解，认为这是一种逃避和躺平。忐忑如何为企业和数字游民架起资源匹配的桥梁，建立双方的信任。

今天，很多人都知道了数字游民这个群体，大家的理解都是旅游和自由，认为是年轻人的专属，但是数字游民的概念对于中国人来说，不应该是一个陌生的群体。中国地大物博、历史悠久，在古代就有立志于山水的徐霞客等。不过是今天的科技进步让禁锢于办公室的人藏在内心的浪漫基因被重新激活了，使传统文化中的情感羁绊得到了表达。游的状态仅是数字游民的一种表现形式，更多的是数字游民这个群体给了中老年人、职场妈妈、全职妈妈、对世界充满好奇心的年轻人选择的机会。而国家的数字经济发展和数字技术的基础化建设为他们创造了更好的条件。

在中国数字经济发展的大环境下，首要的任务并不是短期发展，而是可持续发展。无论是对个人还是企业，尤其是平台型企业的发展，都需要树立长远的目标，具备长远眼光。越来越多的信息令人眼花缭乱的同时也增加了筛选的难度和风险，许多人在数字经济时代迷失了方向。我们进入了一个自由的、充满选择和机遇的时代，这样的时代给我们出了一个难题：是随着时代的浪潮随波逐流还是跳出来，站在国家发展和成人达己的视角上去做一件短期内见不到效益的正确的事？

这个挑战和困惑是今天的中国对中国企业提出的。到底怎样才能成为一个值得信赖的平台，成为一个值得信赖的人？

这个时候我总会想到古希腊神话中的普罗米修斯，他违抗了宙斯的命令将火种给了人类，自己却要在高加索山脉忍受饥饿的恶鹰天天来啄食他的肝脏的痛苦，而他的肝脏总会重新长出来，这种痛苦需要持续3万年。普罗米修斯这种面对困难和挫折的勇气，鼓舞着罗科仕在发展过程中始终充满力量。因为我们知道什么事情是对的，面对发展过程中的痛苦，我们知道这是中国数字经济时代为数字游民带来的火种，让有智慧的长者能够继续发挥自己的能量为国家和社会创造价值，让妈妈们能够陪伴孩子成长的同时兼顾自己的事业和内心的独立，让充满好奇心的年轻人能够在职业中彰显自我价值，为国家创新注入活力。

中国数字游民的未来在哪里，中国的数字游民服务平台的未来就在哪里。

这意味着中国的数字游民需要有更大的格局和眼光来看待国家的发展和时代的变化，在这种激变中找到自己内在的热情和核心能量，从而在这个时代拥有自己独立的价值判断能力，从而能够更好地认知世界、认识自我，获得内心笃定和平静。在工作中获得幸福，收获家庭、友谊这些珍贵的东西。

对于中国数字游民来说，寻找一个靠谱的服务平台至关重要。在充斥着纷杂的信息和资本操纵灵魂的时代，保持内心的清醒，坚守创业的初心是我们的价值和意义所在。面对平均寿命不足 1.5 年的企业组织，已经走过 6 年的罗科仕是坚强的。无论是对于创始人还是整个团队，这个坚持的过程都是一场修炼。

面对市场的嘈杂和纷乱，我们也会有躁动的时候，躁动时我们会追溯创立它的初衷：为什么要做这件事？要把它做成什么样的平台？通过用和内心对话的方式找回初心。我们知道这个时代大多数人都在努力赚快钱，而为人服务是一件慢工出细活的事情，所以要内心笃定，勇于面对外界的变化和各种评价，找到属于自己的稳定状态。时间和事实证明了罗科仕的稳定和正确。

数字游民时代已经到来，它将改变世界的未来，也将改变个体的未来。每个数字游民或即将成为数字游民的人都应该思考：世界将带给我们什么，我们又将回馈世界什么？我们应如何塑造自我、规划职业才能不负时代、不负人生？

未来，数字经济腾飞之时，每个人的职业信用地图将会成为个人名片，清晰记录着一个人的职业发展轨迹和螺旋式上升的人生历程。

一个行业的发展是否成熟，需要看它提供的服务和保障是否完整、完善，政府管理是否有理有据，是否人性化。关于数字游民在中国的发展问题，是需要国家政策考量的，而能回答这些问题的服务平台，如何进行技术优化和交易监管，是需要探索和实践的。

数字经济时代，数字游民的服务平台如何发展

第一，坚持终身事业的价值观，将企业的命运和国家的发展、时代的趋势紧紧相连。国家的发展一定是以人民利益为先，这是一个国家发展的基础。而企业面对环境挑战、面对短期利益的诱惑，错误的战略方

向往往会给企业带来致命的伤害，只有坚持长期主义，才能在变化中不迷失方向。

第二，把握时代机遇，判断发展趋势。数字游民是未来数字经济的重要参与者，随着科技的发展和进步，成为这个庞大群体的服务商，将会是未来数字游民服务平台发展的重要方向。

第三，打造一个不可取代的平台。所有的服务业只有以客户思维去思考，打造人性化的产品和服务体系，才能实现可持续发展。数字经济发展至今，企业的核心竞争力已经不是技术唯一论了，只有为客户不断提供有价值的服务和产品，才能在竞争中保持优势。而获得客户信任将是一个企业发展的根本。急功近利的企业将会被市场快速淘汰。我们需要在科技的发展中保持精雕细琢，不断反思自己，心无旁骛地专注于为客户服务。

第四，保持开放包容的心态。数字游民服务平台服务的群体是一个开放包容的群体，而平台的价值观也会成为服务对象选择和参考的重要指标。数字经济时代的大数据、云技术的发展，都致力于将全世界链接起来。对于一个平台来说，保持开发、包容的态度是可持续发展的重要途径。

第五，每天进步一点。这是幼儿园老师教给我们的道理，也是我们在经营中始终坚守的原则。俗话说，不怕慢就怕站。面对瞬息万变的数字经济时代，我们需要做的就是保持节奏、不断进取，这是数字游民服务平台始终需要坚守的原则。

追求幸福是人生的终极目标。我们在追求幸福生活的路上，要让自己找到正确的方向，获得开启幸福的技能，遇到志同道合的伙伴，发现自己的优点和缺点，接纳自己并肯定自己的价值。这个过程就是收获幸福生活的过程。

幸福工作将是我们未来工作的方向，你的工作幸福吗？